AF275889

Cervantes
compañero de travesía

Thomas Mann

www.archivosvola.es

rescatando el acervo

Thomas Mann

Meerfahrt mit Don Quijote (1934)

Traducción de Ramón de la Serna y Espina
publicada por Editorial Losada, Buenos Aires, 1942

© Archivos Vola, Madrid, 2026

Todos los derechos reservados

ISBN: 978-84-129820-6-0

EL VIAJE DE THOMAS MANN

El escritor Thomas Mann desconfiaba de esa idea, muy generalizada, de que los libros que se leen durante un viaje, tienen que ser "tonterías para matar el tiempo", textos ligeros y superficiales. "No comprendo por qué una ocasión tan solemne y seria como un viaje es una razón para ser menos exigente en las costumbres espirituales". Esto lo escribió en un curioso diario, que fue anotando a bordo de un barco que lo llevaba a Nueva York, desde un puerto holandés. Como el viaje hasta el continente americano duraba nueve o diez días, el pasajero tenía tiempo de leer varios libros en altamar, echado en un camastro de la cubierta y protegiéndose de la humedad de la intemperie con una manta sobre los hombros.

La primera entrada de este diario está fechada el 19 de mayo de 1934 y desde las primeras líneas nos cuenta que el libro que ha elegido para ese viaje es *Don Quijote*, nada de tonterías para matar el tiempo. El diario que escribió Mann durante su viaje en barco se titula *A bordo con Don Quijote*, y más allá de lo que, con su apabullante lucidez, nos dice de su lectura de Cervantes, lo que nos cuenta es un viaje entre Europa y América hecho a una velocidad que permitía a los pasajeros desplazarse a, digámoslo así, escala humana, sin cambios bruscos de horario ni cabinas presurizadas. Aunque el diario está escrito en 1934, años antes de que hubiera vuelos comerciales entre los dos continentes, Mann ya se quejaba de "esa manía de los récords con que los colosos atraviesan en cuatro o seis días las lejanías inmensas que hay entre nosotros". Los colosos que batían récords eran también barcos, que iban al doble de velocidad. Las reflexiones que sobre su viaje va haciendo el escritor nos hacen ver lo mucho que ha cambiado, en 80 años, no solo la forma de viajar sino, y sobre todo, la idea de viaje. Hoy el desplazamiento de un país a otro es un trámite inevitable que se cumple a toda velocidad, ese viaje que a Mann le tomaba 10 días hoy se hace en 12 horas, medio día nos basta para llegar de Ámsterdam a la Ciudad de México. Goethe, otro alemán, se empeñaba en observar los fenómenos de manera natural, no quería aumentar artificialmente esta capacidad con telescopios o microscopios, y lo mismo pensaba Mann de los viajes, del desplazamiento de un continente a otro porque, decía, el tiempo está orgánicamente unido al cuerpo.

Cuando Thomas Mann hace ese viaje a Nueva York, ya estaba, a pesar de ser Premio Nobel, señalado por el Nacionalsocialismo alemán, la Universidad de Bonn le había retirado, "a causa de la excomunión nacional", su doctorado Honoris Causa y ya había pronunciado su célebre conferencia, "Un llamamiento a la razón", donde calificaba al nazismo que ya subía como la espuma, de "romanticismo político trasnochado", de una "difusa y delirante barbarie intelectual", y de "una primitiva brutalidad de feria, a cargo de masas seudodemocráticas". Como puede intuirse, ese viaje de Mann con *El Quijote* bajo el brazo, era un poco poner los pies en polvorosa.

El barco que lo lleva a Nueva York hace una escala en Inglaterra, en Southampton, después de un trayecto de mar inquieta que hace a Mann preguntarse sobre la conveniencia de escribir cada día durante el viaje, "la costumbre de hacer estilo por la mañana después del desayuno, aun en circunstancias tan adversas". En cuanto el barco inicia su gran travesía, ya sin escalas, por el Atlántico, los pasajeros se encuentran con un anuncio, en la pizarra donde normalmente se anuncia el menú, que los invita a reunirse, sobre las 11 de la mañana, en la zona de los botes salvavidas. Ahí un marinero les explica el protocolo de emergencia, qué lancha le toca, según el número de camarote, a cada quién, y el asiento que le ha sido asignado. El protocolo recuerda al de los aviones, que antes de despegar escenifica una azafata, mostrando a los pasajeros las salidas de emergencia y la manera en que hay que colocarse la mascarilla de oxígeno, en caso de que la cabina se despresurice. La diferencia de protocolos entre el barco de 1934 y el avión del siglo XXI, es la velocidad: la rapidez con la que se desplaza el avión impone su velocidad a la tripulación y a los pasajeros, todo hay que hacerlo rápidamente, las instrucciones para gestionar un accidente, pero también las comidas, que están perfectamente cronometradas, con sus platitos y sus vasitos muy pequeños para que se coma y se beba sin demora, y lo mismo pasa con el baño que es un cubículo mínimo que invita a hacerlo todo rápidamente. La velocidad requiere de un diseño aerodinámico que exige apretarlo todo en el mínimo espacio posible, justamente lo contrario de lo que sucedía en el barco de Thomas Mann, en 1937, donde los pasajeros comían dilatadamente, en grandes mesas, con platos de porcelana y grandes copas de cristal donde bebían vino de una botella normal, no de esas deprimentes miniaturas, hijas de la era de la velocidad, en las que nos dan el vino en los aviones. Después de comer, en ese barco, los pasajeros podían hacer la siesta, acostados en su cama o en un camastro, o deambular por la cubierta recibiendo la brisa fresca del mar en la cara y toda esa amplitud estaba relacionada con la gran cantidad de tiempo que duraba el viaje. El tiempo se dilata en el barco mientras que en el avión se comprime, en una escandalosa proporción: 10 días en uno se reducen a medio día en el otro.

"La travesía de un barco por el horizonte es algo bello y orgulloso; un movimiento más digno y decidido que el correr de los trenes", escribe Mann en su diario y su referencia a los trenes, como ejemplo de transporte veloz, nos da una idea de lo que podría opinar el escritor del vuelo París-México de Air France, en clase turista. Al hilo de ese movimiento "digno y decidido" con que va avanzando el barco, el escritor se asombra de la inmensidad del mar y de que, durante varios días de navegación, no han visto, ni siquiera a lo lejos, otro barco; parece que van solos pero él sabe bien que el océano está cuadriculado de rutas marítimas, lo que sucede es que el margen que tiene cada embarcación para navegar es enorme, "hay demasiado sitio" y en el mar "el espacio tiene algo de cósmico".

Además de la pizarra del menú, que sirvió para convocarlos a la explicación del protocolo de emergencia, hay otra donde se va ajustando el horario, que cambia a medida que el barco se acerca al continente americano. "Cada día la pizarra negra nos advierte que debemos retrasar nuestros relojes de media hora hasta cuarenta minutos. Ayer fueron treinta y nueve", cuenta Thomas Mann, y después nos dice que hay que ajustar el reloj a media noche, aunque él y su mujer manejan esa convención según el ánimo que tengan: si sienten que la noche se hace demasiado larga, a las 11.20 adelantan el reloj para que, súbitamente, sean las 12.00. Estos amables y paulatinos adelantos del reloj permitían al pasajero viajar unido orgánicamente al tiempo y, cuando desembarcaba en Nueva York, lo hacía a tiempo, es decir, que la hora del puerto y la del cuerpo eran la misma, no había desfase temporal. La experiencia era radicalmente distinta de la que tiene el pasajero del avión, que retrocede ocho horas de golpe y se baja en la terminal con el cuerpo a las 12 del día y el reloj local a las ocho de la noche, un fenómeno que, aunque es experimentado por miles de personas todos los días, no tiene nada de normal.

Mann nos cuenta en su diario de viaje, con gran ilusión, de la noche en que se viste de *smoking* para asistir a una función de cine en uno de los salones del barco; nos habla, con mucho asombro, del raro privilegio que significa ver una película en altamar, de la enorme pantalla y del "aparato maravilloso, proyector de la imagen y emisor del sonido", y añade "a grado tal de progreso ha llegado la linterna mágica de nuestros años pueriles". Ven esa película "vestidos de *smoking*, sentados en nuestras butacas entre la tácita elegancia oscilante del salón, ante doradas mesitas, bebemos nuestro té, fumamos nuestros cigarrillos y contemplamos las sombras animadas y parlantes". Además de las comidas con vino, vajilla y orquesta, de las siestas y de los paseos por la cubierta, y de las funciones de cine que daban a los pasajeros la ilusión de estar en tierra firme, en el barco se publicaba, cada mañana, un periódico con las noticias del mundo que llegaban por radio y se redactaban, e imprimían ahí mismo. De manera que el escritor, cuando salía de su camarote, recién duchado rumbo al desayuno, recogía el periódico que un marinero le había dejado en la puerta.

El último día de viaje, cuando ya están cerca de la costa, se encuentran, por primera vez, con un barco y Mann anota una curiosa costumbre marítima; dice que cuando se iban acercando los dos barcos, a una señal que salió del silbato del puente de mando, arriaron sus banderas y que después de pasar uno al lado del otro, ya que se habían distanciado y obedeciendo un nuevo silbatazo, las volvieron a izar.

El barco llegó a Nueva York una mañana de niebla, lo primero que vieron Thomas Mann y su mujer fue la estatua de la Libertad, que les pareció un "recuerdo clasista, símbolo ingenuo, tan extraño ya en los días que vivimos". Después el barco apagó los motores y empezó a ser remolcado hacia el atracadero. Mientras se van acercando, el escritor experimenta cierto desasosiego, la ausencia del rumor que producían los motores provoca un extraño silencio, un vacío que lo hace pensar en su lectura de *Don Quijote*, en el sentido que tiene su viaje a Nueva York, y en el ambiente hostil y oscuro que empezaba a adueñarse de su país, aquel mayo de 1934.

Jordi Soler
Artículo publicado en el diario *Milenio*
Ciudad de México, 10 de agosto de 2014
https://www.milenio.com/cultura/el-viaje-de-thomas-mann

THOMAS MANN
(Lübeck, 1875 - Zúrich, 1955)
retratado en 1929

19 de mayo, 1934.

En primer término, habíamos pensado beber un vermut en el bar y ahora lo estamos bebiendo silenciosamente, en espera de la salida. He sacado del maletín este cuaderno y uno de los cuatro tomitos anaranjados del *Don Quijote* que me acompañará durante el viaje; el resto puede quedar en la maleta, no tiene prisa. Tenemos nueve o diez días por delante hasta llegar a los antípodas; pasará otro sábado y otro domingo y otro lunes y otro martes hasta el fin de esta honesta aventura; más prisa no se da el comodón buque holandés al que hace poco hemos subido. ¿Y por qué había de precipitarse? La medida de tiempo con que calcula su simpático tipo medio es sin duda más sana, más natural que esa manía de los *records* con que los colosos atraviesan en cuatro o seis días las lejanías inmensas que hay ante nosotros. Despacio, despacio. Richard Wagner opinaba que el tiempo verdaderamente alemán es el *andante*. Ahora bien, hay mucha arbitrariedad en esas respuestas parciales a la eterna pregunta: *¿qué se entiende por alemán?* En general, producen un efecto negativo, porque se tiende a usar como reproche lo de *no alemán* para muchas cosas que no lo son, como *allegretto, scherzando* y *spiritoso*. El juicio de Wagner sería más adecuado si hubiese omitido la cuestión nacional, que sentimentaliza el asunto, y se hubiera atenido a la dignidad objetiva de la lentitud. Así, le habría dado la razón. Las buenas cosas requieren tiempo. También las cosas grandes; es decir, el espacio quiere su tiempo. Me es un sentimiento familiar el que haya una especie de *hybris*, de crimen, en robarle una dimensión o atrofiársela, a saber, el tiempo que está unido orgánicamente a él. Goethe, que en verdad era amigo de los hombres, pero que no quería aumentar artificialmente su capacidad de observación por medio de microscopios y telescopios, habría aprobado este escrúpulo. Ciertamente, la cuestión es en dónde está el límite del pecado y si diez días no son lo mismo que seis o cuatro. Un hombre devoto tendría que hacer el mismo trayecto en otras tantas semanas y viajar con el viento, que es una fuerza natural –aunque también lo sea la fuerza del vapor. Por otra parte, navegamos con aceite. Pero todo esto tiene el aire de una fuga de ideas.

Fenómeno explicable. Es un síntoma de excitación secreta. Tengo sencillamente la fiebre del estreno –¿es sorprendente? Mi primer trayecto sobre el Atlántico, el primer encuentro y conocimiento del Océano son inminentes y, al fin, más allá de la curvatura de la tierra que envuelve el mar gigante, nos espera Nueva Ámsterdam, la ciudad mundial. De éstas hay cuatro o cinco y forman un género particular y monstruoso de lo que se llama "ciudad", de estilo exagerado que rebasa la clase de las grandes ciudades, como en la esfera de la naturaleza y del paisaje se apartan de manera gigantesca las categorías, los elementos desierto, altas montañas y mar. He pasado mi juventud a la orilla del mar Báltico, unas aguas provincianas, y mi tradición familiar se desarrolló en ciudades viejas y medianas, una civilización mediocre, cuya fuerza de imaginación nerviosa conoce el miedo reverente de los elementos –y también su repudiación irónica. A Iván Gonchárov lo sacó de su camarote el capitán en alta mar durante una tempestad; era un poeta y tenía que ver aquello, era magnífico. El autor del *Oblómov* subió a cubierta, miró y dijo: "¡Tontería, tontería!" Después bajó de nuevo.

Es tranquilizadora la idea de encontrar los elementos salvajes en alianza con la civilización y protegidos por ella, como sobre este buen barco, cuyos pasillos lacados, salones y escaleras alfombradas miramos someramente y cuyos esforzados jefes y tripulantes no han aprendido otra cosa que a dominar el elemento. Nos llevará a su través, como el blanco tren de lujo con ventanas azules lleva al viajero de Khártum al través del paisaje, entre las colinas inflamadas y amenazadoras; a través del grisáceo desierto de Libia y

Arabia. . . "Abandono" –hay que pensar sólo en esta palabra para saber lo que significa el estar situado en el seno seguro de la civilización humana. No estimo mucho al hombre que ante el espectáculo de la naturaleza elemental se abandona sólo a la admiración lírica de su grandiosidad, sin penetrar con su conciencia a través de su atroz e indiferente hostilidad.

Pero estamos en una estación del año que suaviza la aventura y pone límites amables a esta hostilidad. La primavera está avanzada; en este tiempo ya no hay que esperar extravagancias feroces del Océano y nos creemos firmes contra las pequeñas pretensiones del mar, especialmente a la idea de que llevo en la maleta mis píldoras Vasano, que dan cierta seguridad humana. ¡Otra cosa sería si estuviéramos en invierno! Amigos, virtuosos viajantes, me han contado los terrores ridículos de tal trayecto, que un día se me presentará a mí también. ¿Olas? ¡Son montañas! ¡Son Gaurisancares! Está prohibido subir a cubierta –al incomodado Gonchárov no lo sacarían de mi camarote; se ve mejor por el cerrado ojo de buey. Estás sujeto a tu cama, bajas, subes; es el movimiento complicado de ciertas diversiones en las ferias, confundiendo las direcciones, poniendo al revés cabeza y estómago. Ves acercarse el lavabo desde una altura vertiginosa y sobre el cambiante e inclinado suelo del camarote se pasean las maletas, apretujándose, caramboleando, en grotesca ronda. Se escucha un ruido horrísono, infernal, provocado en parte por los elementos desencadenados, en parte por el barco que avanza y lucha sacudido hasta en sus últimas entrañas. Esto dura tres días y tres noches; supón que han pasado dos, y que éste fuera el tercero. No has comido nada; llega el momento en que has de acordarte de esta costumbre. Como no mueres, a lo que, sin embargo, estás expuesto durante cuartos de hora enteros, tienes que comer alguna vez y llamas al camarero; tocas el timbre eléctrico, porque funciona y el confort de hotel de primer orden se mantiene en medio del fin del mundo, disciplinado hasta el extremo: es el heroísmo delicado y respetable de la civilización humana. Viene el hombre, con el paño al brazo y la chaqueta blanca; no se precipita adentro, se queda honradamente a la puerta. Entre el ruido infernal escucha tu orden mortecina y vuelve manteniendo el arriesgado equilibrio del plato caliente. Tiene que esperar el momento, el preciso, en que la situación del globo le permite desembarcar el plato en tu cama. Percibe este momento con corazón e inteligencia y parece que ha alcanzado el punto preciso. Pero en el mismo segundo la situación del globo se ha cambiado en tal sentido y efecto que observas el plato, colocado al revés de la cama de tu mujer. No es posible. . .

Así dicen los relatos, y ¿cómo no recordarlos, mientras estamos bebiendo a traguitos nuestro vermut de despedida y garrapateo estas líneas? No serían necesarias para animar mi respeto ante nuestra empresa, sencillamente porque soy un hombre respetuoso por naturaleza y llevo las cejas en alto para decirlo así, como todo el que tiene el don divertido pero provinciano de la fantasía. Nunca se llega a ser un hombre mundial con este don, porque "preserva" del sentimiento de superioridad hasta la vejez. Tener fantasía no quiere decir idear algo; quiere decir hacer algo de las cosas, y esto desde luego no es propio del hombre mundial. Inverosímilmente estamos renovando el viaje de Colón al extremo Oeste; permaneceremos días y días en el vacío cósmico (con comida de primera clase, se entiende), entre los continentes; ahora bien, no creo que la mayoría de nuestros compañeros de viaje piensen un momento en esto. ¿Dónde están los demás? Estamos solos en el bar, y me acuerdo de que también estuvimos casi solos sobre el aviso que nos llevó desde Boulogne-Maritime. El camarero del bar se nos acerca y nos dice que cuatro pasajeros de primera clase, incluidos nosotros, habían subido a bordo aquí, una docena estaban desde Rotterdam y otros cuatro se embarcarán hoy por la noche en Southampton. Esto sería todo. ¿Qué nos parecía? Decimos que en este viaje perderá mucho dinero la línea. Es muy dolorosa la crisis, la depresión. Pero en los viajes en dirección opuesta –en esto estamos de acuerdo con él– habrá más gente. En junio empieza la estación europea para los americanos; visitarán Salzburgo, Bayreuth, Oberammergau. Ya no faltarán (las

18

propinas, se entiende). Dudándolo todavía, el hombre pre-ocupado se contenta, mientras nosotros consideramos, desde nuestro punto de vista, que será muy agradable viajar en un barco tan vacío. Nos pertenecerá casi a nosotros solos, será una vida como sobre un yate privado. Y la perspectiva de no ser molestado me devuelve a mis lecturas de viaje, el tomito de color naranja, parte sólo de un conjunto más extenso, está a mi lado.

Lectura de viaje –concepto genérico de un eco de inferioridad. Es general la opinión de que lo que se lea durante el viaje tiene que ser lo más ligero y superficial, tonterías para "matar el tiempo". No he comprendido nunca esta idea. Sin contar que la así llamada lectura de entretenimiento es la más aburrida que existe en la Tierra, no comprendo por qué una ocasión tan solemne y seria como un viaje es una razón para ser menos exigente en las costumbres espirituales y ocuparse de cosas necias. ¿Crea acaso la vida interesante, y al mismo tiempo descansada, del viaje un estado de alma y nervios en que las tonterías disgustan menos que de costumbre? Acabo de hablar del respeto. Como tengo respeto a nuestra empresa, encuentro justo y conveniente que respete también la lectura, que debe acompañarla. El *Don Quijote* es un libro mundial mundial. Fue una aventura: el más pertinente audaz escribirlo para un viaje y la aventura audaz que significa su lectura corresponde a las circunstancias. Es extraño que no haya llevado nunca su lectura sistemáticamente hasta el fin. Lo haré a bordo y acabaré con este mar de cuento como acabaremos en diez días con el Océano Atlántico.

Suena el ancla mientras formulo por escrito esta intención. Partimos. Quiero subir a cubierta para mirar atrás y adelante.

20 de mayo.

Estoy sentado, inclinado, escribiendo. No debiera hacerlo. No se está bien así, porque el mar está *a little rough*, como dicen nuestros compañeros de mesa americanos, y las oscilaciones del barco son más sensibles en este primer piso superior que más abajo. No es prudente mirar por la ventana, porque el bajar y subir del horizonte da dolor de cabeza; pero mirar al papel y escribir tampoco tiene un efecto más feliz. Extraña obstinación, la costumbre de hacer estilo por la mañana después del desayuno, aun en circunstancias tan adversas.

Ayer noche estuvimos largo rato ante Southampton y subió a bordo la pareja que habían anunciado para esta última parada antes del gran viaje, ya no más interrumpido. La noche nos ha alejado mucho, aún se ve débilmente la costa meridional de Inglaterra, pero no mucho tiempo y sólo queda, vacío y cabal, el mar gris, ligeramente espumoso bajo el cielo también gris oscuro. No es para mí nuevo que el mar no me impresione tanto visto desde el barco, en su perfecto círculo, como desde la playa. El arrebato que me causa su choque con la tierra no existe aquí. Es un desencanto que tal vez tiene su origen en que el elemento se transforma en carretera y vía de comunicación, perdiendo su carácter de pintura, sueño, idea, perspectiva espiritual al infinito y haciéndose contorno. El contorno no es estético; estética es sólo la imagen que se presenta enfrente. Schopenhauer dice: "Es bello ver las cosas, pero no es bello ser las cosas." Es posible que la verdad de esta frase dirigida contra toda nostalgia esté en relación con mi experiencia marítima. No es conveniente, para ninguna ilusión, llegar en la práctica a intimar con ella, aunque la práctica haya sido mitigada por todo el confort protector y pudoroso de un barco de lujo.

Siempre queda algún inconveniente. Es inevitable el choque nervioso, en las primeras horas, por haber cambiado la base estable acostumbrada por una base móvil. Durante muchos días tiene algo de increíble bajar por una escalera que se mueve y parece alejarse bajo los pies: es como una mala broma, pero acompañada de vértigo y dolor de cabeza. Un paseo absurdo sobre cubierta esta mañana –detenerse como paralizado y caer en seguida hacia delante como borracho, acompañado por una risa de desprecio, porque hay una inclinación rara a atribuir a uno mismo esta situación y no a las circunstancias y de ahí resulta sentirse en indignidad, como también se cree tener los pies pesados cuando subimos una cuesta. Pero me fijo con alegría en que los inconvenientes que me causa el mar, la hiperacidez y la conmoción del sistema nervioso, no disminuyen mis sentimientos de amistad ancestrales e infantiles para el salado elemento. Malestar aquí no significa aburrimiento, deja intacta el alma, como deja intacto el apetito. No me enfado con el mar y creo que también, si la natural enfermedad alcanzase mayores grados, se mantendría mi simpatía. Tú, amigo fiel de mi juventud, otra vez estamos reunidos.

A los síntomas de mareo inofensivo, hay que añadir la somnolencia de los primeros días. Tendrá la culpa la alta presión del aire, pero particularmente el movimiento oscilante que ensordece la cabeza y arrulla... Sin duda, el principio de cuneo del niño es la producción artificial del sueño por el bamboleo, una invención de niñeras y nodrizas muy antigua y no muy científica.

En el *Don Quijote* he leído varios pasajes ayer por la tarde y la noche con la música en el salón azul y quiero continuar ahora en el sillón de sobrecubierta, que es una trasposición del magnífico sillón del Hans Castorp al otro extremo. ¡Un verdadero monumento peculiar! –sometido al gusto de su época, más que lo haría pensar esta sátira dirigida contra este gusto; con un modo de pensar a menudo completamente sumiso y leal y, sin embargo, por libre, crítico y humano en el terreno poético y sentimental, superando a su tiempo. No puedo decir cómo me encanta la traducción de Tieck, este alemán claro y rico de la época clásico-romántica, que es el período más feliz de nuestra lengua. De modo dichoso sirve este alemán al gran estilo humorístico de la obra que una vez más me induce a considerar el elemento humorístico justamente como el esencial del género épico, a sentirlo hecho uno con él a pesar de que esta asimilación no es sostenible objetivamente. Ya es una artimaña del estilo romántico-humorístico el truco de presentar toda esta grande y notable historia como traducción y comento de un manuscrito árabe que tiene por autor a un moro, Cide Hamete Benengeli, y en la cual aparentemente se apoya Cervantes de modo que a veces su narración se hace indirecta, con giros tales, como: "cuenta la historia que" –o "cuenta el sabio Cide Hamete Benengeli que". Archihumorísticos son los títulos de los capítulos en forma de resumen elogioso: "de la discreta y graciosa plática que pasó entre Sancho Panza y su mujer Teresa Panza, y otros sucesos dignos de feliz recordación". O en forma de broma y parodia: "de cosas que dice Benengeli, que las sabrá quién le leyere, si las lee con atención". Humorística en el sentido más hondo es la complejidad humana, polifacética y ambivalente, llena de vida de los dos caracteres principales de que se hace consciente con orgullo el poeta en vista de la continuación falsificada. Esta continuación que hizo un chapucero especulador seducido por el éxito mundial de la novela hacía de Don Quijote nada más que un loco que merecía sus palizas, y de Sancho sólo un comilón. La protesta celosa y llena de desprecio contra tal simplificación se manifiesta en varios pasajes de la segunda parte del *Don Quijote*, y, especialmente, en el prólogo, cuyo tono es la dignidad y moderación misma –aun cuando sólo aparentemente. Emplea el rodeo retórico de presumir en el lector la rabia para su deseo de venganza: él mismo se contiene con un decoro que sería digno del mismo caballero de la Mancha. "Quisieras tú que lo diera del asno, del mentecato y del atrevido; pero no me pasa por el pensamiento; castigúele su pecado, con su pan se lo coma, y allá se lo haya." (Se refiere al autor del falso *Don Quijote*.) Esto es muy noble y cristiano. Lo que le ofende es únicamente que le haya llamado viejo y mutilado –como si hubiera sido en su mano "haber detenido el tiempo que no pasase por mí, o si mi manquedad hubiera nacido en alguna taberna, sino en la más alta ocasión que vieron los siglos pasados, los presentes, ni esperan ver los venideros" –es decir, la batalla de Lepanto. Contesta con gracia "que no se escribe con las canas, sino con el entendimiento, el cual suele mejorarse con los años". Pero la indulgente sabiduría de su vejez no se prueba muy bien en las historias rudamente mordaces que encarga repetir al lector y que deben demostrar a este chapucero "lo que son tentaciones del demonio y que una de las mayores es ponerle a un hombre en el entendimiento que puede componer y imprimir un libro con que gane tanta fama como dinero y tantos dineros cuanta fama".

Atestiguan el deseo de venganza, el furor y odio violento, estas historias nacidas del dolor casi inconsciente de un artista que ve cómo se confunde una obra que tiene éxito aunque es buena, con otra que tiene éxito porque es mala.

Cervantes había sufrido de que un engendro que se presentó como continuación de su obra hubiera atravesado el mundo y sido leído tan atentamente como su libro. Allí se copiaban sus calidades de éxito más groseras: la cómica locura tratada a palizas y la glotonería campesina; no había más y con eso sólo tenía éxito; no poseía la ternura, la melancolía, el arte de la lengua, la profundidad humana de su obra y lo más terrible era que el público no lo echaba de menos: la masa, así lo parecía, no había encontrado ninguna diferencia. Esto era humillante, depresivo para un poeta; si Cervantes habla del mal gusto y tedio que había causado este otro *Don Quijote*, habla de su propia experiencia, aunque la atribuye al público, y en cuanto a la segunda parte genuina de su obra la tenía que escribir para quitarse el disgusto, pero a sí mismo y no a los lectores. Y a este disgusto no contribuía sólo la imitación, sino también el éxito obtenido por su propia obra. Cierto, la segunda parte del *Don Quijote*, que estaba "cortada del mismo artífice y del mismo paño que la primera", fue hecha para rehabilitar el éxito de la parte primera, para salvar el honor poético de este éxito estropeado. Esta segunda parte, sin embargo, no tiene la frescura primeriza ni la ingenuidad feliz de la primera, que muestra cómo de una invención modesta, de una sátira placentera, en la que primordialmente el autor no pensó mucho, surge *par hasard* y *par génie* un libro de un pueblo y de la humanidad entera. Estaría menos cargado del humanismo, de elementos eruditos, de ingredientes de una cierta sequedad literaria si la ambición de la distinción no hubiera sido un factor importante en su concepción. Pero trabaja muy singularmente, de modo más claro y consciente, los múltiples aspectos de los caracteres principales: aquí, ante todo, quiere que sea "del mismo artífice y del mismo paño que la primera".

Don Quijote es un loco –por su amor a la caballería; pero la monomanía anacronista es también fuente de una nobleza tan real, de tal pureza y gracia aristocrática, de un decoro tan respetable en todas sus maneras, las espirituales y las corporales, que la risa por su "triste" y grotesca figura está mezclada siempre de admirativo respeto, y no lo encuentra nadie que no se sienta atraído hacia el hidalgo lamentablemente magnífico, extravagante en ocasiones, pero siempre sin tacha. Es el espíritu mismo, en forma de un *spleen*, quien le lleva y ennoblece y hace que su dignidad moral salga intacta de cada humillación; y que Sancho Panza, el grosero, con sus proverbios, sus rudas bromas, su malicia rústica que no simpatiza de ninguna manera con la "idea" que no le ocasiona más que palizas, sino con la buena comida, tenga, sin embargo, comprensión para ese espíritu y se sienta ligado a su absurdo amo con todo su corazón, no le abandone a pesar de todas las desventuras que le acarrea estar a su servicio, y no pueda separarse de él, sino que le guarde una fidelidad sincera y admirativa (aunque a veces tenga que mentirle). Todo esto es maravilloso, le hace simpático también, llena de humanidad su figura y la levanta desde la esfera de lo simplemente cómico hasta el humorismo más fino e íntimo.

Sancho es verdaderamente popular, en cuanto que representa la relación del pueblo español con la noble locura que está llamado a servir mal o bien. Ya desde ayer me preocupa esto. He aquí una nación que realza en su libro-tipo y reconoce con orgulloso y severo dolor la melancólica burla y la reducción *ab absurdum* de sus calidades clásicas: grandeza, idealismo, generosidad mal aplicada, caballerosidad inútil. ¿No es extraño esto? La grandeza histórica de España está situada en siglos lejanos; en el nuestro tiene que luchar con dificultades de adaptación. Pero lo que me importa es la diferencia entre lo que se llama gran "historia" y lo sentimental, lo humano. La ironía de sí mismo, la libertad y el sentido artístico, respecto a la propia persona, tal vez no son factores para hacer a un pueblo capaz de tener una grande historia; en cambio, lo hacen atrayente, y también lo atractivo y lo repulsivo tienen su papel en la historia. Digan lo que quieran los pesimistas históricos, la humanidad tiene una conciencia, aunque sea sólo estética, una conciencia de gusto. Es cierto que se inclina ante el éxito, ante el *fait accompli* del poder, siéndole indiferente cómo se ha realizado. Pero en el fondo no olvida lo que desde el punto de vista humano es feo, brutal e injusto, y sin su simpatía no es posible sostener mucho tiempo ningún éxito del poder o de la habilidad. La historia es la realidad corriente para la que hay que haber nacido y ser apto y en la que fracasa la nobleza inadaptada de Don Quijote. Esto es simpático y ridículo al mismo tiempo. Pero ¿qué sería un Don Quijote anti-idealista, sombrío, pesimista, creyente en la fuerza, un Don Quijote de la brutalidad, que aun siendo así siguiera siendo un Don Quijote? El humor y la melancolía de Cervantes no han llegado tan lejos.

21 de mayo.

(Silla de reposo, manta y abrigo.)

Desde ayer noche suena la sirena casi sin interrupción; sonó, si no me equivoco, toda la noche, y han empezado de nuevo sus avisos esta mañana. Llueve un poco; el horizonte, nuestra infinitud cotidiana, está envuelto en grises y la velocidad amaina. También hay viento, pero el mar sigue tranquilo; no hablemos, pues, de mal tiempo.

En la pizarra negra que está en el vestíbulo de la escalera sobre el comedor y que sirve para los anuncios y avisos, leemos esta mañana en inglés que los pasajeros deben ir a las once con sus billetes a los sitios numerados de los botes, a fin de que les den instrucciones para caso de apuro, los oficiales. No me he fijado en si otros han obedecido la orden; pero nosotros, de todos modos, hemos ido allí después del caldo que se distribuye a esa hora. Me interesa el caso de apuro en medio de todo este confort pintado que quiere hacer olvidar la seriedad de la situación. En el camino, no lejos de nuestra meta, encontramos al *steward* jefe que conocemos del comedor. Resulta que, al mismo tiempo, es nuestro instructor y el jefe del bote que, en caso adverso, habría de salvarnos, un jovial holandés que habla inglés y alemán con esa habilidad humorística que necesita pocas palabras, tipo de *bonhomme* un poco falso, seguramente buen comerciante, afeitado, lentes dorados sobre una nariz afilada y algo curva como se puede encontrarla en seguida en nuestra Suabia, vestido con una chaqueta galonada que por la noche es corta, con traza de *smoking*. Nos llevó al lugar que ocuparíamos en caso de naufragio, cierto lugar de la cubierta, y nos explicó en su gracioso germano-holandés, agudo y gutural a la vez, el procedimiento del embarque. Nada más sencillo y seguro: del puente superior bajan el bote, un bote de motor muy pulido y elegante, sólo que un poco pequeño, se queda suspendido ante la *reling*, embarcamos, nos bajan al mar, "y después", dice, "los llevo a ustedes a su casa".

¡A casa! ¡Extraña fórmula! Suena como si sobre las olas tuviéramos que decirle nuestra dirección y nos llevase entonces desde allí mismo en el bote de salvamento. A casa, ¿qué quiere decir esto? ¿Quiere decir Küsnacht cerca de Zúrich, en Suiza, en donde vivo desde hace un año, más como huésped que como en mi casa, de tal suerte que no lo puedo considerar la verdadera meta de un bote de náufragos? ¿O quizás significa mi casa en el parque ducal de Múnich, sobre el Isar, donde siempre pensé que terminarían mis días y que también ha resultado sólo un asilo temporal y *pied-à-terre*? ¡A casa! Tendría que retroceder más atrás, al país de mi niñez, a la casa de mis padres en Lübeck, que todavía está hoy en su sitio y, sin embargo, profundamente sumergida en el pasado. ¡Extraño timonel y salvador con tus lentes, tus triángulos dorados en las mangas y tu indefinido "a casa"!

De todos modos, se nos instruyó, y después charlamos aún un ratito con nuestro ángel, especialmente porque yo quise saber si él se había visto ya en peligro y había embarcado en el bote. –¡Tres veces! –dijo. Tres veces en su existencia viajera le había ocurrido; nadie que navegue mucho se escapará. –Pero ¿por qué? ¿Cuál había sido el motivo?

30

¡Embarrancado! –dijo. Esto ocurre siempre alguna vez cuando se viaja mucho por mar. No nos podíamos imaginar con exactitud cómo las artes de navegación en que confiamos ciegamente pueden fracasar tan fácil y frecuentemente que uno se embarranque, sin más, en cualquier momento. Pero no era posible sacar nada preciso de él. Lo impedía su vocabulario manejado de manera ligera y humorística, pero materialmente limitado. Quizás era una fanfarronada lo que nos contó, igual que su frase soñadora: "llevarlos a casa".

En el comedor está preferentemente al servicio de una familia americana, por lo que se ve, opulenta, que constantemente se mueve fuera de la lista de platos y se regala con extraordinarios: langostas, champán, caviar y *omelettes en surprise*. Va, naturalmente, de mesa a mesa, las manos a la espalda y la alegría profesional tras de sus lentes, distribuyendo a todos su amabilidad. Pero allí permanece mucho tiempo, presenciando, inspeccionando el servicio de los platos suplementarios y, a veces, poniendo mano en traerlos. Se ve la *prosperity* con tanto más puro interés cuanto que nadie pasa hambre. La comida es abundante, ilimitada. No hay la imposición del menú fijo. La lista entera y siempre nueva está a la disposición; se puede combinar la comida según se quiera y queriéndolo se podría comer cada día tres veces todos los platos de la lista, de arriba a abajo, desde los *hors d'œuvres* a los *ice creams*. ¡Cuán pronto tro-

pieza el hombre con sus límites! Lo sabe la Línea y, seguramente, su principio de dejar libertad se ha comprobado
como económico –especialmente en invierno.

Estamos sentados a la mesa redonda del centro con dos
oficiales: el doctor, joven y simpático, de nacionalidad americana, y el habilitado, un holandés de clásica flema y con
tal apetito que recibe siempre raciones dobles. Además, hay
un pequeño y bondadoso hombre de negocios de Filadelfia
que ama el champán y que por su talante y espíritu me
recuerda los tipos de la civilización mercantil de mi patria,
y una señorita madura, vestida con cuidado burgués, que
sonríe mucho por pura amabilidad y vuelve de visitar a
unos parientes en Holanda. Tiene que atravesar el continente entero después de desembarcar porque vive en el
Estado de Washington, junto al Pacífico.

A veces se hacen viajes sin razón. Mi mujer está fuera de
sí por causa de unos bebés gemelos de Rotterdam que ve a
menudo en sus cochecillos sobre cubierta y que llevan a
Carolina del Sur para que los vea su abuela. La vieja quiere
ver a sus nietecitos –bueno, pero esto es de un egoísmo
horrible. La Carolina del Sur está más al sur que Sicilia, en
junio hace un calor espantoso, y si los niños de Rotterdam
cogen allí la colerina y se mueren, ¿qué dirá la abuela? No
es asunto nuestro, pero cuando se está encerrado en el
mismo horizonte y en los mismos acontecimientos, se hace
uno a estas ideas.

La mujer que cuida los niños es judía y lee libros modernos. La madre come con los hermanos mayores cerca de nosotros, en un ángulo de la sala cuyas personas nos son ya familiares –parece que ya hace mucho tiempo. Son pocos y siempre los mismos. Nadie desembarca o embarca; la imposibilidad es evidente y, sin embargo, se sorprende uno esperando ver surgir una cara nueva. Hay una mesa con holandeses jóvenes que están haciendo un viaje de placer y siempre ríen a carcajadas y otra mesa en que come el capitán en compañía de un matrimonio americano distinguido de edad avanzada. Muy erguido, uno al lado de otro, se sienta este matrimonio a la hora del té y después de la cena y leen. Éstos serían todos, si no hubiera el *enfant terrible* de la compañía, un *yankee* huesudo, de boca saliente, la típica boca de pescado, anglosajona, bajo la cual sujetan su casco los *policemen* de Londres. Es un hombre de unos treinta años que se ha hecho poner una mesita para él solo, trae consigo un libro a la comida y no tiene relación con nadie. Algunas veces se le ve en la *tourist class* jugando al *shuffle board* con emigrantes judíos. Su huraña soledad produce escándalo y se le mira mal. Repetidas veces lo veo hacer apuntes en la butaca de cubierta, así como en la mesa. La cosa no está muy clara, todos lo sienten así. No hay quien se aparte de esta manera para entretenerse después en la *tourist class*. Seguramente es un escritor que vive en grave desavenencia con el orden social a pesar que su traje de etiqueta es correcto. Le envidio un poco la firmeza con que ha insistido en estar en una mesa aparte y estoy un poco celoso de los emigrantes judíos que cree dignos de su trato. Creo que yo no sería menos capaz que ellos de seguir los pensamientos de sus apuntes; así dice mi orgullo, pero confieso que mi interés por el momento se dirige menos a los asuntos sociales que a los psicológicos y estéticos.

Todo el día me divierte el humorismo épico de Cervantes, que hace nacer las aventuras de la parte segunda –la única de que procede la forma literaria del *Quijote*– de la popularidad que gozan él y Sancho gracias a "su" novela, a la gran historia en que están retratados, es decir, a la parte primera. Nunca se les hubiera admitido a la corte ducal, si los duques no conocieran ya por la lectura a esta pareja maravillosa y no se sintieran encantados de verla ahora personalmente y "en realidad" y albergarla algún tiempo en su casa. Esto es completamente nuevo y único: no conozco en la literatura universal a un héroe de novela que, por decirlo así, viva de la gloria de su gloria; la simple reaparición de personas conocidas en las novelas cíclicas, como en las de Balzac, es otra cosa. Cierto: su realidad viene a quedar legitimada, reforzada y profundizada por la vieja familiaridad que tenemos con ellos, por el hecho de que estaban en las novelas anteriores y vuelven en las siguientes; pero su realidad no cambia de plan, el orden de ilusión a que pertenecen sigue siendo el mismo. En el

Quijote hay mucho más vejamen romántico, mucha mayor magia irónica. Don Quijote y su escudero salen (en esta segunda parte) de la esfera real a que pertenecían, de la novela en que han vivido. Andan como realidades potenciales por un mundo que, como ellos, representa un grado más elevado de realidad en comparación con su mundo anterior, a pesar que éste también era un mundo imaginario, una evocación ilusoria de un pasado ficticio, así que Sancho se permite la broma de decir a la duquesa: ..."Y aquel escudero suyo que anda o debe de andar en la tal historia, a quien llaman Sancho Panza, soy yo, si no es que me trocaron en la cuna, quiero decir, que me trocaron en la estampa".

Cervantes llega hasta insertar una figura sacada de la falsa y detestada continuación para que esta figura se convenza de que el Quijote con que estaba unido en ella no pudo ser el verdadero. Estos son procedimientos muy usados por E. T. A. Hoffmann, como en general se puede ver dónde han aprendido los románticos. No eran los artistas más grandes, pero habían cavilado del modo más ingenioso sobre las profundidades chistosas y los espejismos insondables del arte y de la ilusión y, precisamente, porque eran artistas, la disolución irónica de la forma fue un peligro tan grande para ellos. Es preciso tener presente que este peligro está muy próximo, casi inmediato, a cualquiera técnica artístico-humorística, que trate de confundir las realidades. De aquí al chiste y al truco puro, a la picaresca sin forma y sin fe en la forma no hay más que un paso.

22 de mayo.

Así atravesamos sin descanso de la máquina, día tras día, con avance uniforme, las lejanías del Océano, y es agradable pensar durante el baño matinal en el agua de mar pegajosa, de olor podrido, que hemos arrollado, mientras dormíamos, un buen trozo de infinito. El tiempo algunas veces quiere aclararse, se descubre el azul del cielo y embellece el agua con un esplendor de meridionales colores, pero pronto la niebla vuelve a tragarse la caliente luz.

Al llegar la noche estamos siempre al viento fresco, sobre el puente de los botes, observando nuestro viaje por la redondez del Océano. Siempre nos dirigimos hacia la puesta del sol y el rumbo cambia apenas; hoy nos desviamos algo hacia el Sur. La travesía de un barco por el horizonte es algo bello y orgulloso; un movimiento más digno y decidido que el correr de los trenes. Y no menos extraño es el vacío absoluto del horizonte en una "línea" frecuentada por los buques de todos los países navegantes. Es el cuarto día; pero hasta hoy no hemos visto siquiera el humo de un barco. La explicación es sencilla. Hay demasiado sitio. El espacio tiene algo de cósmico: los barcos, aun siendo

muchos, se pierden en él como las estrellas en el firma-
mento y el encuentro de un barco con otro es pura casualidad.

Cada día la pizarra negra nos advierte que debemos
retrasar nuestros relojes de media hora hasta cuarenta
minutos. Ayer fueron treinta y nueve. Oficialmente hay que
hacerlo a medianoche, pero cumplimos este acto importante ya poco después de cenar, de modo que, cuando no
queremos que la noche sea demasiado larga, se prorroga la
tarde y repetimos con música y lectura una parte del tiempo ya transcurrido. No sin tristeza, hacemos hoy a las
manecillas andar una parte de tiempo que han recorrido
por tercera vez. Diez veces treinta y nueve minutos, son seis
horas y media que vamos a perder, no a ganar en este viaje.
¿Cómo nos retrasamos en el tiempo mientras avanzamos
en el espacio? Porque vamos en sentido contrario a la rota-
ción de la Tierra. La palabra "cósmico" que escribí hace
poco está aquí en su lugar. Las relaciones entre el espacio y
el tiempo prevalecen aquí e influyen en la conciencia, a
despecho del confort que quiere trivializar el elemento y
privarlo de su seriedad. Entramos en días extraños, en
regiones de la superficie terrestre que giran alrededor del
Sol de otro modo que aquellas en que habitábamos. La
noche vendrá y dormiremos cuando los de casa están des-
piertos. Esto es claro y conocido, pero volvemos a discutir-
lo. A seguir viajando hacia el Oeste para llegar a nuestra

casa, pasando por el Extremo Oriente, el tiempo ganado subiría enormemente, a un día entero, y después se perdería de nuevo por completo: y esto sucedería también si volviésemos a nuestro continente por el camino que traemos. No es lástima. Provecho de tiempo no quiere decir provecho en la vida, y si intentáramos engañar al cosmos quedándonos allí con la ventaja de nuestras seis horas y guardándolas como Fafner su tesoro, la vida que nos está destinada orgánicamente no se prorrogaría un segundo.

¡Qué pensamientos de chico de escuela! Pero ¿no es verdad que la contemplación cósmica del mundo tiene algo de pueril en contraste con la psicológica? Fijándome en esto me acuerdo de los ojos relucientes y redondos de niño que tiene Albert Einstein. El conocimiento humano, el profundizar en la vida del hombre, tiene un carácter más maduro y adulto que el especular sobre la Vía Láctea. "El individuo, dice Goethe, tiene la libertad de ocuparse de todo lo que le atrae, le gusta y le parece útil; pero el verdadero estudio de la humanidad es el hombre mismo". [Goethe repetía la entonces popularísima fórmula de Pope: *The proper study of mankind is man*".]

En cuanto al *Don Quijote*, es verdaderamente una obra singular, ingenua, magnífica de espontaneidad, soberana en sus contradicciones. Me sorprenden cada vez más las novelitas interpoladas, de una sentimentalidad aventurera, todas en el estilo y gusto de los productos de que quiere burlarse el poeta, de modo que el lector podía encontrar en el libro a su antojo todo aquello de que debía desacostumbrarse; una cura divertida de desintoxicación. Cervantes se sale de su papel con estos cuentos pastorales como si quisiera demostrar que también él sabe hacer lo que sabe hacer su tiempo y que hasta es maestro en ello. Si se sale o no de su papel en los discursos humanistas que en ocasiones hace pronunciar a sus héroes; si no se atiene al carácter de su héroe, si sobrepasa su nivel tomando él mismo la palabra, es cosa dudosa. Son excelentes estos discursos; por ejemplo, el discurso sobre la educación y sobre la poesía natural y la artificial que escucha el Caballero del Verde gabán, lleno de claras razones, justicia, benevolencia humana y nobleza formal, de manera que el Caballero del Verde gabán queda maravillado "de las entrometidas razones" de Don Quijote. Esto es justo y el lector también debe ser de igual opinión. Don Quijote es loco, pero en manera alguna es tonto; esto no lo ha sabido el autor de antemano. El respeto ante la criatura de su propia invención cómica va aumentando constantemente durante la narración. Este proceso quizás es lo más atrayente de la novela; sí, es una novela para sí mismo y coincide con el creciente respeto a la obra misma que estaba concebida como broma modesta, satírica, grosera, sin sospechar el rango de símbolo humano que adoptaría más tarde el héroe. Este cambio de óptica permite y realiza una solidaridad cada vez más acentuada del autor con su héroe, la inclinación de igualar el valor intelectual de éste al propio, de hacerle el portavoz de sus propias opiniones y de completar la locura con la dignidad y la bella cultura espiritual, no obstante la forma ridícula en que las envuelve Don Quijote por su lamentable aspecto. Precisamente el espíritu y la forma de expresarse que tiene su amo es lo que produce la ilimitada admiración de Sancho. Y las admira, no sólo él, sino también el lector.

23 de mayo.

El balanceo disminuye. Hace más calor; soplan los vientos más suaves y húmedos de la corriente del Golfo.

Empiezo el día jugando a la pelota un cuarto de hora con un *steward* de Hamburgo, que se ha dado a conocer como lector mío. Después es delicioso introducir el desayuno con media *grape fruit*, esta naranja gigantesca y refrescante que se encuentra a bordo en calidad excelente. En cambio, no puedo simpatizar con el *cocktail* helado de tomates que sorben los americanos antes de las comidas.

Como hay que moverse y el paseo alrededor de cubierta entontece, pasamos el tiempo, muchas horas por la mañana y por la tarde, con los juegos de a bordo. En compañía de un joven holandés que se nos acercó gentilmente, jugamos al *shuffle board*, cuyos cuadrados numerados están pintados sobre las planchas de cubierta, un ejercicio excitante y bien pensado. Hay que empujar con bastones terminados en pala unos discos redondos de madera hacia unos círculos numerados, al centro exacto de ellos, sin que el borde del disco toque la raya, evitar el campo amenazador que lleva la señal "menos" , tratar de alcanzar el campo que lleva el número 10; rectificar tiros equivocados, expulsar al adversario de posiciones favorables; todo esto es más fácil decirlo que hacerlo, y a menudo dificilísimo por la inestabilidad del campo, que se inclina hacia todas partes. El tiro más certero no sirve para nada; dirigidos por fuerzas imprevistas, los discos van adonde quieren y la rabia que esto produce añade al movimiento exterior el interior, de modo que la comida se la merece uno bien.

Un juego más delicado que el *shuffle board* es el *golf* de cubierta; sobre una especie de césped artificial en miniatura, sobre una superficie cubierta de estofa verde, hay que empujar la ligera pelota con el palo desde seis puntos de salida, unos junto a otros, a través de una puerta estrecha, hasta el agujero situado en el otro extremo de la superficie y con el mínimo posible de golpes. En principio, es posible hacerlo de un solo golpe, por lo menos desde uno de los puntos medianos que están en la misma línea de la puerta y el agujero. Pero ¿quién logra hacer esto? Tres golpes son una honra para cada uno, dos son un record legendario. Habitualmente, cerca de la puerta se producen las más terribles carambolas y, lleno de vergüenza, hay que marcar un seis o siete en la pizarra.

A la hora del té y después de la cena nos sentamos en el salón azul, llamado aquí *Social Hall*, donde se hace música. A veces, especialmente por la tarde, somos los únicos oyentes; para nosotros, a pesar de que no nos hace falta, tocan los músicos; pero alguien tiene que estar presente, si no, no tocan. Muchas veces los vemos bromear entre sus atriles, a través de las ventanas que dan a cubierta, pero en cuanto un huésped entra en el salón cogen sus instrumentos para empezar.

La orquesta se compone de un piano, dos violines, viola y violoncelo. El primer violín también es el director. Los programas son insulsos, ¡qué más se puede pedir! Sus cimas son fantasías de *Carmen* y de *Traviata*. Vulgarmente –se puede decir que vulgarmente– tocan las piezas de salón dulzarronas, imitadas de Puccini, de que se regocija dondequiera, sobre la superficie de la Tierra, el hombre normal civilizado, servidas para que aun en medio de la inmensidad se sienta en sus costumbres diarias por su dinero. En tal viaje, todo está hecho para hacer olvidar y aturdir, y por innata insumisión miro por la ventana hacia el desierto gris-verde avergonzado, y el horizonte que sube se queda arriba algunos segundos, nos mira, y vuelve a bajar.

Aplaudimos a los músicos y, aparentemente sorprendidos, todas las veces saludan por medio de su primer violín.

Pero también, con independencia de nosotros, les divierte su trabajo, se miran en tal o cual pasaje, se entienden en seguida y sonríen. No hay que despreciar a estos hombres. Allí están tocando piezas de salón, como es su deber. Pero se sabe que pueden estar sentados allí también tocando hasta el último momento el *Nearer, my God, to thee...* Hay que mirarlos desde este punto de vista.

Entretanto, leo en mi tomito de color naranja y me sorprende la crueldad retozona de Cervantes. A despecho de aquella creciente solidaridad del autor con su héroe de que hablé ayer y su respeto hacia él, no se cansa de inventar las humillaciones más ridículas y lamentables para él y para su generosidad, denigraciones cómicas tales como el incidente de los requesones que Sancho ha guardado en el yelmo de Don Quijote, y que en el momento más patético empiezan a fundirse sobre la cabeza del caballero, inundándole barba y ojos de leche agria, de manera que cree que se disuelve su cerebro o que tiene un sudor horroroso, precaviéndose vivamente contra la posibilidad de que puede ser el sudor de la angustia. Hay algo de sarcástico, de un humorismo salvaje, en invenciones tales como la historia en verdad lamentable de Don Quijote "enjaulado"; una humillación que más grande no se la puede concebir. Recibe palizas infinitas, casi tantas como Lucio en la novela del asno. Y, no obstante, su autor le quiere y le respeta. ¿No tiene esta crueldad un aspecto de mortificación, de burla y castigo

43

contra sí mismo? Me parece como si alguien expusiera a la risa su fe, tantas veces engañada, en la idea, en el hombre y su ennoblecimiento. Este amargo ponerse de acuerdo con la realidad común me parece que es propiamente la definición del humorismo.

Cervantes pone en la boca de Don Quijote una crítica insuperable de las traducciones. Dice que las traducciones de una lengua a otra son como tapices flamencos vistos del reverso, "pero a pesar de mostrar las figuras están llenas de hilos que las desfiguran y no se muestran en la beldad y perfección como en el anverso. . . Con esto no quiero decir que el traducir no sea un trabajo honrado". La caracterización es formidable. Con dos traductores españoles, Figueroa y Jáuregui sólo, hace una excepción. En éstos apenas se podría distinguir el original de la traducción. Pero en nombre de Cervantes quiero hacer otra excepción: Ludwig Tieck, que ha dado al *Don Quijote* su segundo lado exacto, el alemán.

24 de mayo.

Ayer *El asno de oro* me vino a la memoria y a la pluma, y no por casualidad, sino porque he observado ciertas relaciones del Quijote con la novela antigua. Falto de erudición, no sé si otros han descubierto ya estas semejanzas.

Los pasajes y episodios a que me refiero llaman la atención por su singularidad y sus temas extraños, que revelan un origen lejano; es sintomático que se encuentren en la parte segunda, que es la de más dignidad espiritual en la obra.

Por ejemplo, en el capítulo noveno, el cuento de la boda de Camacho "con otros gustosos sucesos". ¿Gustosos? Hay acontecimientos terribles en esta boda, pero la palabra "gustosos" anticipa que se trata en estos horrores de una broma con que se engaña al lector y a los que toman parte en esta historia. Descríbese de manera muy "gustosa" la boda campestre de la linda Quiteria con Camacho el rico, que es el más feliz rival del joven desdeñado Basilio, pero desdeñado por orden de los parientes de Quiteria: en verdad se pertenecen ante Dios y los hombres, y la boda de la hermosa con el rico Camacho se realiza sólo por la voluntad férrea del padre de la muchacha. Las fiestas llegan al acto del casamiento, cuando de repente aparece, dando roncos gritos, el pobre Basilio, y pronuncia con trémula voz un discurso, en el cual explica que él, el obstáculo moral de la dicha de los dos prometidos, va a matarse. "Viva" –exclama– "viva el rico Camacho con la ingrata Quiteria largos y felices siglos; y muera, muera el pobre Basilio, cuya pobreza cortó las alas de su dicha, y le puso en la sepultura." "Asió del bastón que tenía hincado en el suelo, y quedándose la mitad deél en la tierra, mostró que servía de vaina a un mediano estoque que en él se ocultaba; y puesta la que se podía llamar empuñadura en el suelo, con ligero desenfado y determinado propósito se arrojo sobre él y en un punto mostró la punta sangrienta a las espaldas con la mitad de la acerada cuchilla, quedando el triste bañado en su sangre, y tendido en el suelo, de sus mismas armas traspasado."

No puede imaginarse una interrupción más terrible de una fiesta tan alegre y rica. Todos se precipitan hacia el moribundo. Don Quijote mismo baja de Rocinante para socorrer al desgraciado, el sacerdote no permite que se le extraiga la espada antes que se haya confesado, porque extraerla significaría la muerte. El infortunado recupera un poco su conciencia y con voz débil expresa el deseo de que Quiteria se case con él en el último momento de su vida: con esto su muerte pecaminosa sería expiada. ¿Cómo se imagina esto? ¿Que Camacho el rico renuncie en favor de la muerte? El sacerdote exhorta al moribundo a pensar en su alma y confesarse; pero Basilio, retorciendo los ojos y ya en las últimas angustias, evidentemente, reitera que no se confesará si Quiteria no se casa con él. Por fin, con el consentimiento del buen Camacho, cumplen con esta formalidad, tratándose de un alma cristiana. Apenas lo han hecho, cuando Basilio se levanta de pronto y con toda agilidad, extrayéndose la espada de su cuerpo, y contesta a los que gritan, "¡milagro, milagro!", "¡no milagro, milagro, sino industria!". En resumen, resulta que la espada no ha atravesado los costados de Basilio sino un tubo de hojalata lleno de sangre y que todo ello era una artimaña concertada entre los dos amantes, que gracias a la bondad de Camacho y los buenos y sabios consejos de Don Quijote tiene como consecuencia que Basilio pueda quedarse con su Quiteria.

¿Está permitida tal cosa? La escena del suicidio está descrita con toda seriedad, con trágicos acentos; produce espanto y emoción, no sólo en todos los que la presencian, sino también en el lector, para que al fin todo se resuelva en regocijo y se revele como mentira burlesca. Con un algo de mal humor nos preguntamos si tales mistificaciones convienen al arte tal como lo entendemos nosotros. Ahora sé por Erwin Rohde y por el excelente libro que ha escrito el mitólogo e historiador de religiones Karl Kerenyi, de Budapest, sobre la novela griego-oriental, que los escritores de la antigüedad tardía amaban extraordinariamente tales escenas. El novelista alejandrino Aquiles Tacio cuenta en su *Historia de Leucipe y Clitofonte*, cómo la heroína es asesinada por ladrones egipcios en forma pavorosa, descrita con todos los detalles, ante los ojos de su amante, que separado de ella por un ancho foso quiere suicidarse lleno de desesperación sobre su tumba. En este momento acuden amigos que también había supuesto muertos, extraen la víctima sana y salva de su tumba y relatan a Clitofonte que, hechos prisioneros, también ellos mismos se habían encargado de la inmolación y realizado aparentemente la cruel obra con un puñal de teatro y un intestino lleno de sangre ligado al vientre de la muchacha. ¿Me equivoco o es que ha hecho escuela esta broma de la tripa llena de sangre en *Don Quijote*?

El caso segundo es un recuerdo del propio Apuleyo. Me refiero a la extraña "aventura del rebuzno" contada en los capítulos octavo y décimo del noveno libro. Los dos alguaciles del pueblo van a la montaña adonde suponen que se han escapado sus respectivos burros e intentan atraerlos imitando el rebuzno de manera magistral. Uno está aquí, el otro allí, y siempre cuando uno de los dos ha rebuznado viene el otro corriendo convencido de haber oído a su burro porque él sólo podría imitarlo tan bien y mutuamente se colman de elogios por su gran talento. El burro, en cambio, no viene porque está en la maleza, comido por los lobos. Allí lo encuentran los alguaciles y vuelven a casa tristes y afónicos. La historia de su rebuzno se difunde por toda la región de modo que la gente de aquel pueblo es objeto de burla por parte de los vecinos, que los hostigan rebuznando irónicamente por todas partes. Hay peleas enconadas que llegan a tomar las proporciones de batallas de un pueblo contra otro; Don Quijote y Sancho Panza entran por acaso en una de estas batallas. Los aldeanos han hecho de la burla un honor y un símbolo; salen con una bandera en la que está pintado un burro y bajo este emblema marchan armados de lanzas, arcabuces y alabardas contra los anti-burros. Antes de la batalla. Don Quijote los detiene en el camino. Les hace un discurso generoso, exhortándolos, en nombre de la razón, a desistir de su proyecto y no verter sangre por tales pequeñeces. Parece que le escuchan con benevolencia. Pero por hacer lo suyo, Sancho se entromete y lo estropea diciendo que sería una tontería enfadarse al oír rebuznar a otro y añadiendo que él había sabido rebuznar en su juventud con tal naturalidad y gracia que le habían contestado todos los burros en el pueblo; y para mostrar que esto es una ciencia como la natación, que nunca se olvida, se pone a rebuznar tan fuerte que los valles cercanos repercuten. Los aldeanos, que están hartos de oír rebuznar, le apalean y el propio Don Quijote, contra su costumbre, toma las de Villadiego ante sus arcabuces y alabardas. Escapa, y Sancho lo sigue medio aturdido, "después que le pusieron sobre su asno". Por lo demás, los de la escuadra, después de haber esperado durante toda la noche en vano al enemigo, vuelven contentos y orgullosos a sus pueblos, y, añade el poeta erudito, "si ellos supieran la costumbre antigua de los griegos, levantaran en aquel lugar y sitio un trofeo".

¡Historia extraña! Me parece tener algún recuerdo y una alusión en que creo no equivocarme. El asno representa un papel especial en el mundo imaginario de las religiones griego-orientales. Es la bestia de Tifón-Set del hermano malo de Osiris, del "Rojo", y el odio mítico contra él se extiende hasta la Edad Media, en que los comentarios de los rabinos a la Biblia llaman al hermano rojo de Jacob, Esaú, "un asno salvaje". Esta criatura f álica estaba en conexión estrecha con la paliza. Rebaños enteros de asnos eran conducidos alrededor de la muralla de las ciudades mediante palizas y tenían carácter de ceremonia. También había el uso devoto de arrojar al animal tifónico de una roca, la misma muerte a que a duras penas escapa Lucio cambiado en asno en la novela de Apuleyo. Los ladrones le amenazan con *katakremnezesthai*. Y recibe una paliza precisamente por su rebuzno como Sancho Panza y todo el tiempo en que es asno recibe palizas: catorce en total. Quiero añadir que, según Plutarco, la voz del asno era tan detestada por los habitantes de ciertos pueblos que odiaban hasta las trompetas que parecían tener el mismo sonido. Esos pueblos del *Quijote* ¿no son una reminiscencia de esas aldeas tan sensibles?

Produce una impresión peculiar ver alusiones escondidas a estas herencias mí ticas en una obra del Renacimiento español. ¿Las hace por conocimiento directo de la literatura antigua? ¿Es que estos temas han venido hasta él pasando por Italia y Boccaccio? Que lo resuelvan los eruditos.

El tiempo se aclara en el transcurso del día, el cielo está azul. El mar tiene color de violetas, ¿no lo dice así Homero? Hacia mediodía vimos unas nubes maravillosas revoloteando sobre el agua en el esplendor del sol, una siguiendo a otra, fondos de blancura de leche, como hechas para los pies de los ángeles, una fantasmagoría tierna y luminosa.

25 de mayo.

El joven doctor desconfía del tiempo. Aún es hermoso, ciertamente; pero mientras la corriente del Golfo ejerza su influjo no hay que fiarse. Entretanto disfrutamos del cambio feliz: aumenta el calor, haciéndonos notar que nos deslizamos por zonas meridionales. Y gozamos de la azul pureza sobre un mar liso, de la estancia en la cubierta libre, donde, entre sol y sombra, pasamos casi el día entero. Hay que defender el rostro de la luz violenta, pues con el aire de la navegación el calor se disimula y la acción imperceptible del sol es a la postre hostil.

Ayer tuvimos cine en el *Social Hall...* Es voluntad de quien nos guía que no se nos prive en viaje de esta dádiva de la civilización. Y no deja de ser curioso el disfrutar de ella en estas circunstancias. Se había izado la pantalla en un extremo del salón y se había colocado en el extremo opuesto el aparato maravilloso, proyector de la imagen y emisor del sonido: a grado tal de progreso ha llegado la linterna mágica de nuestros años pueriles. . . Vestidos de *smoking*, sentados en nuestras butacas entre la tácita elegancia oscilante del salón, ante doradas mesitas, bebemos nuestro té, fumamos nuestros cigarrillos y contemplamos las sombras animadas y parlantes como en un *Capitol* o un *Eldorado* cualquiera de tierra firme. . . ¡Peregrina situación vital, a fe mía! Los personajes del film no eran inferiores a nosotros en modo alguno: se comportaban tan confortables y elegantemente por lo menos. El bienestar desahogado era la natural premisa de su existencia y de su destino, atenuando así, consoladoramente, los conflictos y tribulaciones que acechaban al espectador. Y así tiene que ser. Perspectivas de salón que son la distinción misma, mesas puestas, ostentosas de frutas y cristal. . . eso es lo que nos hace ver el film: la visión a ultranza de la riqueza, que haga soñar al pueblo y sirva a los potentados de espejo halagador. Era una película de oriundez americana y nos contaba la historia de un viejo hombre de negocios cuya nostálgica debilidad de *dilettante* por la música, por el arte y la belleza y las sublimes pasiones le hechiza hasta el punto de que abandona a su mujer y corre a París en pos de estos sueños deslumbrantes. Un fracaso inocuo da al traste con su propósito desatentado. La personificación femenina de sus anhelos se entrega a un músico joven, a quien él, con su dinero, había empujado por el camino de la gloria. . . En la escena final vemos cómo el viejo financiero descarriado anuncia a la paciente esposa por teléfono su retorno al hogar. Fin melancólico, ciertamente, pero tolerable, ya que al desengañado, si que amansado también, le esperan de nuevo las mesas de cristal y las perspectivas de salón.

Mas era lo malo que fuésemos tan pocos a presenciar esta historia tan agradable y tan a tono, socialmente hablando; que estuviéramos allí diez o doce personas en vez de los centenares que cabían en el *Social Hall*, azul y áureo, del lujoso *liner*, y que con su vacío desolado, síntoma inequívoco de cuantiosa pérdida, nos ofrecía el aspecto de un régimen económico en crítico trance de bancarrota. Ni siquiera habían acudido todos los de nuestro perseverante grupo. Echaba de menos al americano de las notas, con su boca de pez. ¿Dónde andaría? ¿Otra vez entre los emigrantes judíos de la *tourist class*? Inquietante personaje. Viaja en primera y toma parte en nuestras refecciones vestido de *smoking*. Pero rehuye nuestra espiritual conversación de un modo insultante; se pasa al campo enemigo. Habría que saber lo que corresponde a cada cual. Y mantener la cohesión.

La aventura de los leones es, sin duda, el ápice en los "hechos" de Don Quijote, y en lo grave, el punto culminante de la novela toda –capítulo espléndido, contado con un *pathos* cómico y una patética comicidad que dejan traslucir el entusiasmo auténtico del autor por la heroica locura de su héroe. Hube de leerlo dos veces, sin poder luego apartar de la mente su contenido extrañamente conmovedor, grandiosamente ridículo. El encuentro con el carro de las banderas que conducía las bestias africanas, los leones que el general de Orán envía a la corte presentados a Su Majestad, es ya delicioso como cuadro de época. Y la emoción con que –después de todo lo que sabemos del ciego, denodado ánimo con que Don Quijote se debate en el vacío– leemos estas páginas en que se nos describe cómo, ante el espanto de sus acompañantes y sin dejarse "extraviar" por ninguna clase de razonables objeciones, se empeña en que el leonero abra las jaulas para entablar pelea con las fieras hambrientas y terribles, esta emoción es testimonio elocuente del arte singular con que el novelista sabe mantener la lozanía y la virtud, siempre renovada, de la misma motivación psíquica a través de todas las metamorfosis. Asombra la temeridad de Don Quijote cabalmente porque de ninguna manera está tan loco que no sea consciente de ella. "Acometer los leones" –dirá luego– "derechamente me tocaba, puesto que conocí ser temeridad exorbitante; porque bien sé lo que es valentía, que es una virtud que está puesta entre dos extremos viciosos, como son la cobardía y la temeridad; pero menos mal será que el que es valiente toque y suba al punto de temerario, que no que baje y toque en el punto de cobarde: que así como es más fácil venir el pródigo a ser liberal que el avaro, así es más fácil dar el temerario en verdadero valiente, que no el cobarde subir a la verdadera valentía." ¡Qué inteligencia moral! Las consideraciones que arriesga el del Verde Gabán no pasan de ser acertadas. Cuanto Don Quijote dice está bien y es razonable, mas cuanto hace, basándose en sus palabras, es disparatado, temerario y tonto. Se llega casi a tener la impresión de que el poeta quiere presentarnos este hecho como la natural e ineludible antinomia de toda vida moral superior.

La escena clásica, cien veces reproducida por el pincel, en la cual el cenceño hidalgo –que se ha apeado de su jamelgo, pues teme que el valor de éste no responda al suyo–, embrazado al escudo lamentable y "con sola una espada" se apresta al más absurdo de los combates y se tiene ante la jaula abierta y observa "atentamente" los movimientos del gigantesco león, lleno de heroica impaciencia por "venir con él a las manos" : esta escena extraordinaria la he sentido revivir cabalmente en las palabras mismas de Cervantes, así como su desenlace con la repulsa, tan vituperable como discreta, de la heroica actitud de Don Quijote. Pues el león, despreciando esforzados continentes y temerarias hazañas, sin mirarle apenas "enseñó sus traseras partes y con gran flema y remanso se volvió a echar en la jaula". El heroísmo queda recusado con máxima sobriedad. Cuanto de ridículo y lamentable contiene la idea de la humillación cae sobre la cabeza de Don Quijote en la actitud de despectiva indiferencia de la mayestática criatura. Esto le pone fuera de sí. Manda al leonero que dé al león de palos y le irrite para echarle fuera. Pero se niega el buen hombre y trata de hacer comprender al caballero que ha mostrado suficientemente la grandeza de su ánimo: "ningún bravo peleante, según a mí se me alcanza" –le dice–, "está obligado a más que a desafiar a su enemigo y esperarle en campaña; y si el contrario no acude en él se queda la infamia", etc. Cede al fin Don Quijote y pone como señal de victoria, "en la punta de la lanza, el lienzo con que se había limpiado el rostro de la lluvia de los requesones, con lo que Sancho, que no dejaba de huir ni de volver la cabeza a cada paso, al advertirlo, exclamó: "Que me maten si mi señor no ha vencido a las fieras bestias, pues nos llama". Algo maravilloso.

En ningún pasaje se demuestra con mayor claridad que aquí la radical predisposición del poeta a humillar y a sublimar al mismo tiempo a su héroe. Ahora bien, en estos dos conceptos rebosa la sustancia de la sensibilidad cristiana y precisamente en su conjunción psicológica, en su confluencia humorística, se evidencia hasta qué punto es el *Don Quijote* un producto de la cultura cristiana, del cristiano conocimiento del alma, de la cristiana humanidad. Y cuánto significa el cristianismo eternamente para el mundo del alma, de la poesía, para lo humano mismo y su audaz despliegue y su liberación. He de pensar en mi Jaakob, que después de haber gemido en el polvo ante el efebo Eliphas, deshonrado hasta el extremo último, desde la hondura de su alma, que al fin no se abate, forja en sueños la gran exaltación definitiva. Decid lo que queráis: el cristianismo, ese brote del judaísmo, sigue siendo uno de los dos fustes maestros que sostienen la civilización occidental. El otro es la Antigüedad mediterránea. La negación de estas dos premisas fundamentales de nuestra moral y nuestra cultura, o la negación de las dos, acaso, por parte de un grupo cualquiera de la comunidad occidental, le excluiría de la misma y supondría un inconcebible retroceso, por lo demás imposible, gracias a Dios, en su nivel humano, y qué sé yo dónde se iría a parar. La hética lucha anticristiana de Nietzsche, ese admirador de Pascal, fue una excentricidad contra natura y para mí siempre motivo de perplejidad. . . como algunas otras cosas en este héroe sensible. A Goethe, más felizmente equilibrado, psíquicamente más libre, no le impidió su 'decidido paganismo" el ofrendar al sentimiento cristiano los más expresivos homenajes, considerándolo como el poder moralizador que es, y como aliado, por lo tanto. Tiempos agitados como los nuestros, que tienden siempre a confundir lo eterno con lo propio de la época (liberalismo y libertad, por ejemplo) y a sacudir la vajilla con el mantel, mueven a quien es más serio y más libre, y no se conforma con batir al viento que sopla, a volver a los fundamentos, a reanimarlos en la conciencia, y, a ellos aferrado, mantener una actitud de repulsión. La crítica que el siglo ejerce sobre lo cristiano-moral (prescindiendo del dogma y la mitología), las correcciones llevadas a cabo desde el punto de vista del sentimiento vital, no pasan –por mucho que ahonden, por transformador que pueda ser su efecto– de movimientos superficiales. Lo que es condición entrañable, lo que es vínculo y destino, el cristianismo como cultura del hombre de Occidente, lo alcanzado una vez e inalienable por siempre jamás, eso no llegan a rozarlo siquiera.

Hay que confesar que el periódico de a bordo es un papel bastante estúpido. Excepto los domingos, se publica diariamente para que a los viajeros del mar, así como el pan fresco no les falta, no se vean privados de la tinta fresca de lo recién impreso. Lo introducen, temprano, por la juntura inferior de la puerta del camarote y con él tropezamos cuando salimos antes del *lunch*. En seguida lo leemos, pues ¿quién sabe en qué fregado se habrá metido Europa apenas la hemos dejado a la espalda? Se ve que gran parte del contenido del periódico se ha impreso con anticipación –especialmente los anuncios y las ilustraciones–, por lo cual no posee ningún valor de actualidad. Ahora bien, el barco tiene su instalación radiotelegráfica. Solo y errante por el desierto del mar al parecer, está, sin embargo, en contacto con el mundo entero; puede lanzar noticias a todos los vientos de la rosa y recibirlas de todas partes. Las que nos dardean desde los últimos confines de la Tierra se imprimen en las columnas en blanco que les reservaba nuestro periódico. ¿Qué hay de nuevo hoy? Leemos que en el jardín zoológico de una ciudad de Occidente, durante una enfermedad, se le dio whiskey a un tigre como medicina, y que la rampante bestia se aficionó a la bebida de tal modo, que aunque ha recobrado la salud no quiere renunciar a ella y pide diariamente su trago. Esto es lo que leemos en el periódico de a bordo, entre otras noticias de parecido tenor. Se trata de algo agradable, sin duda. No en vano se ha contado con nuestra simpatía, alegremente comprensiva, hacia el tigre amigo del alcohol. Pero ¿no hay aquí algún abuso? He aquí una maravilla técnica como la radiotelegrafía empleada en transmitir sobre tierras y mares novedades de este calibre. ¡Ah, la humanidad! El ritmo de su progreso ético-espiritual no ha podido acompasarse al ritmo de su progreso técnico. Ha quedado muy atrás, ya lo vemos, y de aquí nuestra falta de fe en que su futuro sea mejor que su pasado. El trecho que separa lo inmaturo en ella de su técnica madurez es la causa precisamente de esa curiosidad desconfiada con que tomamos en nuestras manos un periódico cualquiera, para encontrarnos con lo del tigre divertido. Podemos darnos por contentos si no tropezamos con algo peor. Ciertamente, con la falta de seriedad de nuestra estación de radio sucede algo parecido a lo que ocurre con nuestros músicos de a bordo. Si llega el caso, puede lanzar el S.O.S. de eso es capaz también. Por la dignidad de la técnica casi desearíamos que se le brindara la ocasión de hacerlo. . .

En la tarde de ayer se levantó el viento y el barco danzó de lo lindo toda la noche. Pero hoy está la mar bella y reina una temperatura estival. Hemos visto un cetáceo grande, especie de delfín, que saltaba entre las olas. Que alguna vez los barcos embistan a las ballenas, es una historia sin fundamento. La gente dice que estas cosas tienen carácter, y así se forja la leyenda. Pero al mediodía, el mozo del bar nos mostró una muchedumbre de aves que se mecían sobre las olas, no lejos de nuestro barco; eran gaviotas, signo de que la tierra firme no estaba lejos. No obstante, la hora, y aun el día de nuestra llegada es algo inseguro. Se oye decir que si las corrientes se mantienen favorables y persiste el buen tiempo, llegaremos pasado mañana, lunes, por la tarde. Pero hay quien, en contra, sostiene que hemos tenido demasiada niebla al comienzo del viaje y que vamos con retraso, que hasta el martes no enfilaremos el Hudson. También en esta incertidumbre de la hora y hasta del día de llegada se diferencia –casi estoy por decir que con ventaja– el viaje embarcado del viaje en camino de hierro. Conserva la navegación, a pesar del confort perfecto, algo de primitivo, a merced de los elementos, algo inexacto, azaroso y peculiar que involuntariamente sorprendemos con simpatía. ¿Por qué? ¿Se traduce también en mí, acaso, y en este que, hablando llanamente, he de llamar hastío del mecanismo de la civilización la. . . tendencia a renunciar a él, a negarlo, a acusarlo como mortal para el alma y para la vida y a afirmar y buscar una forma de existencia más próxima a lo inseguro y primitivo, a lo improvisado y marcial y trémulo de aventura? ¿Se manifiesta en mí también el apetito de lo "irracional" que dondequiera hace hoy su estrago, ese culto ante cuyo humano peligro y fácil incomprensión se mantenía mi sentido crítico alerta y contra el que se rebelaba mi simpatía de europeo por la razón y el orden. . . y acaso más por amor al equilibrio que no porque dejara de agitarse en mí lo mismo que combatía? Como artista he llegado al mito. . . humanizándolo, ciertamente, al extremo de un desdén sin límites por lo que es psique nada más y de buena gana sería barbarie, desdén que considero más humanamente grávido de futuro que la lucha parcialmente vinculada al instante, contra el espíritu, que el hacerse grato a la época cerrando contra la razón, contra la civilización misma. Para preparar el futuro no basta "ir de acuerdo con los tiempos" en el sentido del movimiento actual, en el que puede participar el más torpe, lleno de soberbia y rebosante de desprecio hacia el liberal retrógrado que sabe de otras cosas. Hay que llevar dentro la época con toda su complejidad y todas sus contradicciones, pues no en una sola cosa sino en muchas se preforma el futuro.

Muy apasionante y significativo es en el *Don Quijote* el episodio de Ricote el morisco, antiguo tendero en la aldea de Sancho, que, obedeciendo al edicto de expulsión, hubo de abandonar España y empujado por la nostalgia –y en la esperanza, también, de rescatar un tesoro enterrado– se había introducido de nuevo en el país con hábito de peregrino. El capítulo [Parte segunda, LIV.] es una hábil mezcla de testimonios de lealtad, de manifestaciones del más severo catolicismo cristiano por parte del autor, de su impecable vasallaje al gran Felipe III. . . y del más agudo sentimiento de compasión hacia la nación morisca y su terrible sino bajo el edicto de proscripción contra ella promulgado por el rey, que sin el reparo menor ante el dolor individual la sacrificaba a la – pretendida– razón de Estado y la precipitaba en la miseria. A cambio de lo primero se le permite al autor lo segundo. Mas sospecho que se habrá entendido siempre que lo primero es el medio político para llegar a lo segundo y que en esto segundo es donde cabalmente se expresa el poeta con toda sinceridad. Pone en labios del desdichado mismo la aprobación de la orden del monarca, y aun le hace confesar que fue promulgada "con justa razón". Le hace decir: "aquellos pregones no eran sólo amenazas, como algunos decían, sino verdaderas leyes, que se habían de poner en ejecución a su determinado tiempo; y forzábame a creer esta verdad saber yo los ruines y disparatados intentos que los nuestros tenían, y tales, que me parece que fue inspiración divina la que movió a Su Majestad a poner en efecto tan gallarda resolución". No se especifican más "los ruines y disparatados intentos" que justifican la inspiración del rey: quedan en vergonzante penumbra. Pero existieron. . . no en el sentido –dice Ricote– de que "todos fuésemos culpados, que algunos había cristianos firmes y verdaderos; pero eran tan pocos que no se podían oponer a los que no lo eran, y no era bien criar la sierpe en el seno, teniendo los enemigos dentro de casa". La objetividad y la moderación que pone el autor en los pensamientos del desdichado son admirables. Pero, de modo imperceptible, se desvían por cauce distinto. Fue justo, dice el moro, el castigo de la proscripción. . ., castigo leve y grato, pudiera creerse, siendo en realidad la más terrible plaga que podía caer sobre él y sobre su pueblo. "Doquiera que estamos, lloramos por España, que en fin nacimos en ella, y es nuestra patria natural: en ninguna parte hallamos el acogimiento que nuestra desventura desea; y en Berbería y en todas las partes de África, donde esperábamos ser recibidos, acogidos y regalados, allí es donde más nos ofenden y maltratan". Y así sigue gimiendo el "moro" de España, tan amargamente, que sus lamentos llegan al corazón. "No hemos conocido el bien" –dice– "hasta que le hemos perdido; y es el deseo tan grande que casi todos tenemos de volver a España, que los más de aquéllos, y son muchos, que saben la lengua como yo, se vuelven a ella y dejan allá sus mujeres y sus hijos desamparados: tanto es el amor que la tienen; y ahora conozco y experimento lo que suele decirse, que es dulce el amor de la patria."

Nadie osará negar que con estos testimonios de un amor patrio invencible y de una natural vinculación, el contrito recitado de la "sierpe en el seno", del "enemigo en casa" y de la "justa razón" del edicto real, queda en evidencia como un hatajo de calumnias. El corazón del poeta, que en realidad sólo habla en la segunda parte del discurso, se expresa entonces con palabras mucho más convincentes que en sus manifestaciones de vasallo precavido. Le inspira la compasión hacia los acosados y proscritos, tan buenos españoles como él mismo y como cualquiera. Pues en España –que después de esta criba no quedó más pura, sino más pobre– habían nacido y España era su verdadera patria natural, y arrancados a su suelo habían de ser extraños en todas partes. Y en todas partes asomarían a sus labios las palabras "en nuestra tierra" , en España; "en nuestra tierra eran las cosas de éste y del otro modo" , es decir, mejores, naturalmente. Cervantes, pobre literato sometido, necesitaba demasiado de la lealtad. Pero después de hacer, por un instante, de tripas corazón, se purifica mejor de lo que se purificó España con sus edictos. Censura la crueldad de la orden cuya aprobación por el mismo desdichado acaba de testimoniar, mas no directamente, sino subrayando el amor patrio de los proscritos. Y hasta se permite hablar de "libertad de conciencia". Pues pone en boca de Ricote estas palabras: "Pasé a Italia y llegué a Alemania, y allí me pareció que se podía vivir con más libertad, porque sus habitadores no miran en muchas delicadezas; cada uno vive como quiere, porque en la mayor parte de ella se vive con libertad de conciencia". Al llegar aquí no pude menos de engreírme con patriótico orgullo, aunque fueran un poco viejas las palabras que en mí le despertaron. Siempre es agradable oír en boca de extraños el elogio de la patria.

27 de mayo.

Si el tiempo es muy variable junto al mar, más variable y caprichoso aún es en el mar, si a los cambios meteorológicos se añade el cambio de desplazamiento y de clima. El calor estival de ayer trajo al llegar la noche, mientras el cielo se cubría, un bochorno siniestro, como un vaho húmedo, tan agobiante que más era imposible, y con tales efectos de desasosiego nervioso, que a medias nos hacían presentir una catástrofe y una crisis meteorológica. Nos embarazaba indeciblemente el traje de noche. Estábamos bañados en sudor bajo la pechera almidonada, y el té, sobre todo, provocaba en nuestro cuerpo una verdadera inundación de humedad. No sé hasta qué hora de la noche habrá durado, pero hoy ha cambiado por completo la decoración. La mañana ha sido fresca y lluviosa; sobrevino la niebla y hubimos de oír nuevamente la sirena durante algunas horas. Pero, de súbito, vino el cambio. Saltó el viento, se disipó la niebla y el cielo se aclaró; mas, a pesar del sol, siguió haciendo tanto frío, por lo menos en comparación con la noche tropical de ayer, que era indispensable el gabán para permanecer sobre cubierta y la manta de viaje si se ocupaban las sillas.

Se presiente una cierta emoción de arribaje. Parece que llegaremos en la noche de mañana a pasado, pero que esperaremos en la desembocadura del río y no entraremos hasta el martes a las siete.

He de volver sobre lo escrito ayer para poner en su punto hasta qué extremo los vínculos que obligaban al autor de *Don Quijote* como súbdito y como cristiano aumentan el valor espiritual de su libertad y la densidad humana de su crítica. Me refiero a la relatividad misma de toda libertad, al hecho de que necesita el fondo de una fuerte servidumbre y de una condicionalidad, no sólo exteriores, sino también íntimas y verdaderas, para realzarse como valor espiritual y expresión de excelencia. Difícilmente podremos hacernos una idea del estado de dependencia y devoción en que los artistas de los viejos tiempos vivían, antes de la emancipación del yo del artista que la época burguesa trajo consigo, de la cual puede decirse que para el tipo de hombre consagrado al arte sólo en magnos casos de excepción ha sido beneficiosa. Un ambiente de humildad artesana como base y fundamental contextura de la vida artística, inclusa la de rango magistral, en donde de tiempo en tiempo surge el caso feliz de lo grande y soberano ante el cual se doblegan los príncipes con intelectual superioridad: circunstancias tales fueron, ciertamente, en conjunto, más saludables para la vida artística que las modernas, donde se empieza con la emancipación y el yo y la libertad y la soberanía y donde la humildad objetiva no sirve a la grandeza ya de humus nutricio. El pintor incipiente que había decidido consagrarse al diestro y gentil atavío del mundo y aspiraba a hacerse una posición en esta arte bella, entraba de aprendiz con un buen maestro, lavaba los pinceles, molía los colores: empezaba de peón. Llegaba a ser un auxiliar útil, a quien, ciertamente, el viejo pintaba la oportunidad de colaborar en la propia obra, al modo como el profesor de cirugía dice a los que le secundan cuando toca a su fin la operación: "¡acaben ustedes!" Si las cosas iban bien, a la postre acababa él mismo siendo en su oficio un buen maestro. No se pedía más. Se le llamaba "artista", implicando la palabra los dos conceptos, el de artista en sentido estricto y el de artesano. A éste aún se le llama en Italia artista. El genio, el yo ingente, la audacia solitaria eran la concepción que desbordaba la castiza artesanía humilde y la industria objetiva del perito, irguiendo regiamente su penacho. Sin olvidar que también el predestinado y exaltado seguía siendo un fiel hijo de la Iglesia, que ella le brindaba temas y de ella recibía encargos. Hoy, como decía, se empieza por el genio, por el yo, por la soledad y por el espíritu y, la verdad, esto es ya patológico. Hugo von Hofmannsthal, que como buen austríaco era un poco italiano y se sentía muy vinculado intuitivamente al siglo XVIII, me hablaba muy salada e ingeniosamente una vez de los cambios patéticos experimentados desde entonces en el sentimiento vital del músico. En aquellos tiempos, aseguraba, si se iba de visita a casa de un maestro, éste le recibía a uno diciéndole, poco más o menos: "Siéntese, siéntese. . . ¿Un poco de café? ¿Quiere que le toque alguna cosita?" Esto ocurría entonces: "Hoy parecen todos águilas enfermas". Y es verdad. Los artistas se han convertido en águilas enfermas en virtud del proceso de solemnización por que ha pasado el arte, sublimando el mundo artístico, infundiéndole melancolía desdichadamente (por lo común) y hasta convirtiendo el arte mismo –solitario, melancólico, incomprendido y desolado– en un "águila enferma".

Es cierto que el poeta representa un arte de índole distinta a la del "artista" propiamente dicho y también a la del músico, y que la creación poética ocupa un lugar especial, pues lo que en ella es artesanía o manufactura, resulta exiguo, y en todo caso, desempeña un papel de distinta naturaleza, más inmaterial, más espiritual, siendo más directa, en conjunto, su relación con el espíritu. El poeta no sólo es artista, o lo es de otro modo, más espiritualmente, pues su medio es la palabra y es espiritual su instrumento. Pero también en él sería deseable que la libertad y la emancipación estuvieran al fin y no al principio y que brotaran humanamente de la restricción y la humildad, de la vinculación, de la subordinación. Hay que insistir; la libertad sólo cobra valor y otorga jerarquía cuando se gana en la servidumbre, cuando es liberación. ¡Cuánto más fuertes y grandes espiritualmente nos parecen la compasión humana de Cervantes por el sino del moro y la censura tácita que con ella hace de la razón de Estado, después de los testimonios de vasallaje que han precedido, en los que no se ha de ver sombra de hipocresía, sino una modalidad del espíritu auténtica y verdadera! La dignidad y la libertad humanas, la emancipación del artista intelectual, el supremo arranque de alma, tal como se nos aparecen en la quijotesca mixtura de cruel ridiculez humillante y de conmovedora alteza, todo esto: el genio, la soberanía, la temeridad, tienen por base la vinculación más devota, el homenaje a la Santa Inquisición, la lealtad de forma al monarca, el doblegarse ante la protección y la famosa liberalidad de los grandes señores como el Conde de Lemos y don Fernando de Sandoval y Rojas. Es algo que se desprende de la leal restricción, tan arbitraria e imprevistamente como crece la tarea en el distraído y satírico juego de la concepción para convertirse en obra universal, en símbolo de la humanidad misma. Que las grandes obras son resultado de un designio humilde, es para mí lo normal. No ha de ponerse la ambición al principio, antes de la obra; ha de crecer con la obra, que exigirá ella misma proporciones más vastas de lo que el alegremente sorprendido artista pretendía. Y no al yo del artista, sino a la obra, ha de vincularse la ambición. Nada más falso que la ambición abstracta y preobjetiva, la ambición en sí misma, independiente de la obra, la pálida ambición del yo. Aselada en su alcándara, es un águila enferma.

28 de mayo.

Último día a bordo. Ayer ya nos encontramos con un barco, el primero desde nuestra salida: un acontecimiento. Era danés y del mismo tonelaje que el nuestro, aproximadamente, con la *dannebrog*, la bandera danesa en la popa. Complacido presencio el saludo, ese honor caballeresco que dondequiera se rinden mutuamente los barcos al pasar. Dio la señal desde el puente un silbato y un marinero arrió, vivo, los colores neerlandeses, mientras allá el *dannebrog* se abatía. Luego, cuando ya nos habíamos cruzado, a una nueva señal se izaron las banderas otra vez. Se había cumplido la ley de los mares. ¡Qué bello y gracioso este saludo! Las gentes del mar, en internacional camaradería, unidas por su tan peculiar oficio, el mismo en todas partes –que a pesar de toda la mecanización ha conservado algo del carácter ardido y hazañoso– al encontrarse sobre el tendido elemento, bárbaramente caprichoso, se rinden honores que a todos obligan por igual, y con ellos las naciones mismas –cuyos mensajeros son los barcos y prolongación territorial suya al mismo tiempo– corteses entre sí, hasta la próxima refriega. Pero entre la Holanda y Dinamarca jamás habrá hostilidad. Son, éstos, países pequeños y razonables, dispensados de históricos heroísmos. Los grandes, en cambio, sólo abrigan propósitos guerreros, de modo que el saludo de sus banderas produce un efecto de siniestra corrección, lleno de irónica reserva.

Un cielo claro con buen sol, la mar rizada ligeramente. El barco navega tranquilo y escora en blando movimiento a las guiñadas del timón. Pero es sorprendente el cambio de temperatura después de la noche tropical de anteayer. La noche última ha sido muy fría, la mañana más que fresca y para tomar el sol aún necesitamos el gabán y la manta de viaje.

Estoy por decir que el *Don Quijote* languidece al final. La muerte parece aquí más bien una medida de precaución para librar a la figura del caballero de nuevas y torpes asechanzas literarias, convirtiéndose así en algo amañado y literario también, que no conmueve. Una cosa es que a un autor se le muera el amado personaje y otra que le haga morir, que disponga y proclame su muerte para que no ambule más al conjuro de una voluntad extraña. Esto es, literatura, muerte literaria por celos. . . Pero, ciertamente, estos celos, a su vez, son nuevo testimonio del vínculo

71

entrañable, defendido con orgullo, que le une a la eternamente singular criatura de su espíritu, un hondo sentimiento que no pierde su gravedad aunque se manifieste en
festivas disposiciones literarias contra ajenos intentos de
resurrección. "El cura pidió al escribano le diese por testimonio cómo Alonso Quijano el Bueno, llamado común-
mente Don Quijote de la Mancha, había pasado de esta
presente vida y muerto naturalmente; y que el tal testimonio pedía para quitar la ocasión de que algún otro autor que
Cide Hamete Benengeli le resucitase falsamente e hiciese
inacabables historias de sus hazañas." Pero Cide Hamete se
desvanece revelándose como el instrumento, humorísticamente pretextado, que siempre había sido. Aún es él, ciertamente, quien cuelga su pluma de una espetera y de un
hilo de alambre, volviéndose, admonitor, a los presuntuo-
sos y malandrines historiadores que se atrevieren a descol-
garla y a profanarla.

> *"Tate, tate, folloncicos,*
> *de ninguno sea tocada,*
> *porque esta empresa, buen Rey,*
> *para mí estaba guardada."*

¿Quién habla? ¿Quién dice "para mí"? ¿La pluma? No: es
un yo distinto el que interviene aquí ya: "Para mí sólo nació
Don Quijote, y yo para él: él supo obrar, y yo escribir; solos
los dos somos para en uno, a despecho y pesar del escritor

fingido y tordesillesco que se atrevió, o se ha de atrever, a escribir con pluma de avestruz grosera y mal adeliñada las hazañas de mi valeroso caballero, porque no es carga de sus hombros, ni asunto de su resfriado ingenio. . . " ¡Grandioso! Sabe perfectamente la noble y humanamente pesada carga que han soportado sus hombros con este libro de historias, regocijo de todo el mundo. Lo sabe, aunque al principio no lo supiese tan presto. Y –¡cosa singular!– al final de todo otra vez no lo sabe. Vuelve a olvidarlo.

'Pues no ha sido otro mi deseo" –dice– "que poner en aborrecimiento de los hombres las fingidas y disparatadas historias de los libros de caballerías, que por las de mi verdadero Don Quijote van ya tropezando, y han de caer del todo sin duda alguna. Vale." He aquí el retroceso al humilde propósito primitivo de parodia y sátira que había de informar la obra y que ésta rebasó en tan gran medida. El capítulo mismo en que se describe la muerte es la expresión de este retroceso. Pues el tránsito de Don Quijote va precedido de un trastrueque. El moribundo recobra –¡oh júbilo!– su "sentido común" : se apodera el sueño de él, duerme seguido más de seis horas y, cuando al cabo de este tiempo despierta, se encuentra sano mentalmente por la misericordia divina. Tiene ya el juicio libre y claro, sin las sombras caliginosas que sobre él puso la continua lectura de los detestables libros de caballerías. Ya conoce sus disparates y sus embelecos y reconoce su propia "necedad" y ya no quiere ser Don Quijote de la Mancha, el Caballero de la Triste Figura, el Caballero de los leones, sino Alonso Quijano simplemente: un hombre razonable, un hombre como los demás. Debiera esto alegrarnos. Pero es curioso que no nos alegre, que aun nos desengañe y que, hasta cierto punto, lo lamentemos. Nos da lástima Don Quijote. . . como nos la dio también cuando la melancolía de verse vencido le tendió en el lecho de muerte. Pues ella fue la causa de su muerte, sin duda. El médico aseguró "que melancolías y desabrimientos le acababan". La honda depresión producida por el fracaso de su misión vital como caballero andante y paladín del derecho es lo que le mata; y nosotros que percibimos aún la voz debilitada y enferma que exclama: "Dulcinea del Toboso es la más hermosa mujer del mundo, y yo el más desdichado caballero de la tierra, y no es bien que mi flaqueza defraude esta verdad: aprieta, caballero, la lanza", nosotros que percibimos aún esta voz remota participamos en la depresión, aunque sabemos muy bien que la misión del hidalgo no podía acabar de otra manera, pues era borlón tan sólo y era esplín. En el transcurso del relato nos había llegado a ser tan amable este magnánimo esplín, que estamos tentados y dispuestos a tomarle por el espíritu y a sentirle así, como si se tratara del espíritu mismo. . . y ésta es la hermosa culpa del poeta.

El caso es de los más difíciles. Hay algo que aquí falla. Si la obra hubiese permanecido fiel a su primitivo propósito de poner despectivamente en evidencia los libros de caballerías con las empresas y los fracasos ridículos de un loco, la cosa no tendría dificultad. Pero como, inopinadamente, ha rebasado en tan gran medida este propósito fundamental, se ha jugado en el trance la posibilidad de un final satisfactorio. Hacer caer realmente y perecer a Don Quijote en uno de sus combates disparatados no era posible; hubiera sido pasar, sin belleza, los límites de la burla. Dejarle vivir después de haberse convertido en persona razonable, tampoco podía ser. Hubiera sido rebajar la figura, la supervivencia de un Don Quijote sin alma, prescindiendo de que por razones de defensa literaria no debía seguir entre los vivos. Comprendo, por otra parte, que no hubiera sido cristiano ni pedagógico dejarle morir en su extravío, si respetado por la lanza del caballero de la Blanca Luna, profundamente desesperado por su derrota. Esta desesperación debía encontrar en la muerte su desenlace, por el conocimiento de que todo había sido locura. Pero la muerte en la creencia de que Dulcinea no era una princesa adorable, sino una lugareña bronca, y de que toda su fe y sus hechos y sus cuitas habían sido locura, ¿no es también una muerte desesperada? Sí, era necesario salvar el alma de la razón de Don Quijote antes de su muerte. Mas para que este acto respondiera al corazón cumplidamente, debiera el poeta habernos hecho amar menos su sinrazón.

Pueden imaginarse los trances de perplejidad del genio y las enmiendas en la plana del autor. Por lo demás, no se ha ido demasiado lejos con la muerte de Don Quijote. Es el tránsito sensato y tranquilo de un hombre bueno, digno y cristiano, después de haberse confesado y confortado espiritualmente y de haber dejado en orden, con ayuda del escribano, sus asuntos temporales. "Como las cosas humanas no sean eternas, yendo siempre en declinación de sus principios, hasta llegar a su último fin, especialmente las vidas de los hombres, y como la de Don Quijote no tuviese privilegio del cielo para detener el curso de la suya, llegó su fin y acabamiento." Esto ha de tomarlo el lector humorísticamente, como lo tomaron los amigos de Don Quijote y el ama, y la sobrina y Sancho, su antiguo escudero. Llóranle, es cierto, de todo corazón, con lo que al lector se le hace ver, nuevamente, qué buen amo y señor ha sido. Hasta, con giro barroco, de sus "ojos preñados" que con el anuncio de la muerte segura de Don Quijote recibieron "tan terrible empujón, que los hizo reventar las lágrimas de los ojos, y mil profundos suspiros del pecho". Descripción de un dolor sincero, con un ligero matiz cómico. Se dice, además, con práctica consecuencia humana, que en los tres días que duró la agonía de Don Quijote "andaba la casa alborotada; pero con todo, comía la sobrina, brindaba el ama y se regocijaba Sancho Panza; que esto de heredar algo borra o templa en el heredero la memoria de la pena que es razón que deje el muerto". Observación burlona, verista, "realista", cuya ausencia de sentimentalismo habrá escandalizado alguna vez. En el reino de lo humano, el conquistador más bravo y cumplido ha sido el humor siempre.

Las seis de la tarde. El equipaje está listo. Sin taburetes, con las maletas en el suelo, no fue tarea fácil. Cunde por el barco la emoción de la llegada. La tripulación maniobra ya con las maromas de amarre. Visiblemente se alegran los viajeros americanos ante la proximidad de su tierra. Es el júbilo de la repatriación, que para nosotros supone lo contrario.

Ha llegado la noche. A estribor de nuestra navegación –a media máquina– resplandece el tendido rosario de luces de Long Island, cuyos baños y residencias veraniegas nos elogian. Nos retiramos temprano a descansar, pues hay que madrugar mañana. Preparados y a esperar: es todo lo que tenemos que hacer.

29 de mayo.

Sigue el buen tiempo, hace fresco y hay ligera niebla. Después de despedirnos, a las cinco y media de la mañana, de la angosta litera en que nos hemos mecido unas cuantas noches, el barco –que había permanecido durante las últimas horas silencioso, de modo que por primera vez a bordo habíamos dormido sin el rumor de la máquina– volvió a ponerse en movimiento, avanzando con precaución. Hemos desayunado, hemos dado el último toque al equipaje y hemos repartido las últimas propinas. Estamos en la cubierta libre, dispuestos a ser testigos del espectáculo de la entrada en el puerto. En la bruma de la lejanía una figura familiar alza ya su corona: la estatua de la Libertad, recuerdo clasicista, símbolo ingenuo, tan extraño ya en los días que vivimos. . .

Me gana un prurito ensoñador, hijo de la hora temprana y de la peregrina sustancia vital del momento. Pero es que también he soñado esta noche, en el silencioso vacío, desacostumbrado ya, que había dejado el rumor ausente de la máquina. Y las imágenes de mi sueño procedían de mis lecturas últimas. Soñé con Don Quijote en persona y hablé con él. Así como la realidad cuando nos enfrentamos a ella es distinta de la idea que de ella nos habíamos hecho, así también Don Quijote me pareció algo distinto de como se le suele pintar: tenía un grueso bigote hirsuto, una frente alta y aplanada, y, bajo unas cejas espesas también, unos ojos grises, casi ciegos. No se llamaba el Caballero de los Leones, sino Zarathustra. Allí, personalmente en mi presencia, era tan cortés, tan dulce, que con emoción inefable recordé las palabras que ayer había leído sobre él: "en tanto que Don Quijote fue Alonso Quijano el Bueno a secas, y en tanto que fue Don Quijote de la Mancha, fue siempre de apacible condición y de agradable trato, y por esto no sólo era bien querido de los de su casa, sino de todos cuantos le conocían". Sentí que el dolor, el amor, la compasión y la veneración sin límites me invadían por completo, mientras el indicio cobraba realidad ante mis ojos. Como ensueño persisten aún y me conmueven en esta hora de llegada.

¡Pensamientos y sentimientos demasiado europeos y retrospectivos! Enfrente, allá sobre la niebla, se van desvelando, lentas, las torres de Manhattan: un fantástico paisaje colonial, una bastionada urbe de gigantes.

Ivan Turguenev:
Hamlet y Don Quijote

Émile Zola:
Gustave Flaubert

Marcel Proust:
El caso Lemoine

Wilhelm Dilthey:
Satanás en la poesía cristiana

Emilia Pardo Bazán:
Balzac: la comedia humana

Ramón Gómez de la Serna:
Gérard de Nerval, una vida

Stefan Zweig:
Marceline Desbordes-Valmores

Manuel Azaña:
Cervantes y la invención del Quijote

Ralph Waldo Emerson:
Shakespeare y Goethe

Boccaccio:
Dante Alighieri: su vida y sus obras

Victor Hugo:
William Shakespeare

Mark Twain:
¿Ha muerto Shakespeare?

André Gide:
Oscar Wilde: in memoriam

Guy de Maupassant:
Zola, el revolucionario

Émile Zola:
Balzac

Aldous Huxley:
La vulgaridad en literatura

Ramón Gómez de la Serna:
Baudelaire, el desgarrado

Vladimir Maiakovski:
El baño, drama en seis actos

Ramón Gómez de la Serna:
Oscar Wilde, un retrato

Yevgueni Zamiatin:
La pulga, juego cómico en cuatro actos

W. B. Yeats:
La condesa Catalina

G. K. Chesterton:
Magia, una comedia fantástica

Vladimir Maiakovski:
La chinche, una comedia de magia

Jules Verne:
Edgar Allan Poe y sus obras

Sainte-Beuve:
Molière

Théophile Gautier:
Balzac